UN ENFANT HEUREUX

DU MÊME AUTEUR
CHEZ ODILE JACOB

Une journée avec Zoup. Des histoires pour éduquer nos enfants (avec Clèm), 2011.

Génération Dolto, 2008.

Exprimer sa colère sans perdre le contrôle, 2006.

Manuel d'éducation à l'usage des parents d'aujourd'hui, 2004.

De l'enfant-roi à l'enfant-tyran, 2002.

« Peut mieux faire ». Remotiver son enfant à l'école, 2001.

DIDIER PLEUX

UN ENFANT HEUREUX

Odile Jacob
poches

15, RUE SOUFFLOT, 75005 PARIS

www.odilejacob.fr

ISBN : 978-2-7381-2833-1
ISSN : 1621-0654

Aux enfants et aux parents qui, depuis plus de trente ans, me font confiance et acceptent le nécessaire apprentissage de l'éducation.

Sommaire

Introduction

CHAPITRE PREMIER

Comment vivent les « enfants heureux » ?

CHAPITRE 2

Pouvons-nous rendre notre enfant plus heureux ?

CHAPITRE 3

L'enfant « singulier » ou l'enfant qui s'accepte

CHAPITRE 4

L'enfant « social » ou l'enfant qui accepte les autres

CHAPITRE 5

L'enfant « fort » ou l'enfant qui accepte les frustrations

Conclusion

Introduction

Je me suis toujours intéressé à ce qui provoque des dysfonctionnements chez l'humain et en particulier aux carences éducatives, responsables, selon moi, de nombreuses pathologies tant chez l'enfant que chez le futur adulte. Mais lorsque nous sommes « professionnels de la santé », nous envisageons ce qui va mal, nous évoquons ceux qui révèlent une « pathologie » et nous écartons le plus souvent, sans le vouloir, ceux qui vont bien. Or nous savons que certains adultes « heureux » ont eu telle ou telle enfance, telle ou telle « histoire » avec tels ou tels vécus et rencontres. Alors, pourquoi ne pas partager ce qui semble avoir créé chez eux un si profond sentiment de bien-être, voire de bonheur ?

Des enfants malheureux ?

Nous savons que l'enfant abusé, violenté, part mal dans la vie et que ses souffrances auront du mal à cicatriser. Paradoxalement, nous rencontrons aussi des enfants qui ont « tout pour être heureux » et qui ne le sont pas. Ces enfants-là bénéficient d'un confort matériel adéquat et ont aussi un bon environnement affectif. Leurs parents sont présents, attentifs et ils font de leur mieux pour les rendre heureux. Ils donnent du temps, de l'attention, ils savent protéger, communiquer, écouter, comprendre, stimuler, partager, mais leur enfant ne semble pas heureux. Et beaucoup de parents ne comprennent pas ce « malheur »-là. Sans être « pathologiques », de nombreux enfants signent une sorte de mal-être et ils ont bien du mal à s'adapter aux autres et aux exigences de la réalité. Ces enfants sont très vulnérables devant les aléas du quotidien et les parents ne peuvent que ressentir une grande impuissance, comme s'ils avaient provoqué le malheur de leur enfant en lui voulant trop de bonheur. Alors, comment faire pour que ces enfants fragilisés par la réalité redeviennent plus forts et vivent de nouveau le bonheur d'être enfant ?

Une psychologie de la résilience

Il est désormais souhaitable d'envisager une véritable psychologie de la résilience. Ou comment rendre son enfant plus « fort ». À l'inverse de notre propension à toujours évoquer les « pathologies », il est possible de tenir un tout autre propos et d'aider à partager une véritable psychologie du bonheur, une psychologie « positive » pour l'enfant et bien sûr aussi pour l'adulte qu'il deviendra.

Avec ma pratique professionnelle, je sais ce qui rend l'enfant « vulnérable ». Lorsque l'enfant est « roi », lorsqu'il croit dominer la réalité pour rester dans son principe de plaisir, il ne cesse d'en souffrir. Lorsqu'il ne fait que ce qu'il veut quand il veut, ce pseudo-bonheur à court terme le rend incapable d'appréhender correctement les aléas de la vie et en premier lieu sa future scolarité. Lorsque l'enfant reste centré sur son ego et refuse le lien soi-autrui, quand son « sentiment de l'autre » devient évanescent, le refus du « social » le rend malheureux. Pourtant, il existe des facteurs de résilience, des facteurs d'épanouissement individuel et un savoir-faire éducatif qui peut rendre nos enfants plus heureux parce que plus en harmonie avec « leur » réalité et « la » réalité. C'est le propos de ce livre : sans être des « parents parfaits », vous est-il possible de stimuler chez vos enfants tous les ingrédients d'un bonheur non seulement actuel mais futur ?

- Comment ne pas faire de mon enfant un « enfant-roi » qui sera très vulnérable à la réalité ?
- Comment rendre mon enfant plus « fort » dans un contexte où la réalité virtuelle veut nier un principe de réalité de plus en plus dur ?
- Comment développer la singularité de mon enfant, l'aider à « être soi », sans répondre aux sirènes du consumérisme ?
- Comment faire retrouver le lien « soi-autrui » quand le « sentiment de l'autre » est en déliquescence ?
- Comment lui redonner le goût de l'effort quand c'est l'« intolérance aux frustrations » qui domine ?

En un mot, comment rendre mon enfant plus « résilient » ?

Apprendre à être heureux

Prenant « le mal à la racine », je n'évoquerai pas l'adolescence, c'est bien du « tout-petit » et de l'enfant jusqu'à une dizaine d'années qu'il sera question. Les difficultés et les bonheurs des années suivantes et surtout de l'adolescence ne sont bien souvent que le résultat de ce qui a été vécu avant.

Cet essai se propose d'abord de définir ce qu'est un « enfant heureux » et en quoi consiste cette fameuse « résilience », cette résistance aux aléas de la vie, cette « capacité à réussir, à vivre et à se développer positivement, de manière socialement acceptable, en dépit du stress ou d'une adversité qui comportent le risque grave d'une issue négative[1] ». Le chapitre 2 évoquera ce qui peut nous empêcher, nous les parents, de proposer une « éducation résiliente » à nos enfants. Nous verrons alors comment notre propre enfance et nos croyances adultes peuvent inhiber un savoir-faire éducatif. Le chapitre 3 nous aidera dans la construction même du sentiment de soi de notre enfant : de l'estime de soi à l'acceptation de soi, pour que l'enfant se reconnaisse dans ses forces et ses faiblesses. La force vient aussi de la faculté de l'enfant à vivre avec les « autres » et le chapitre 4 nous proposera les clefs d'une socialisation positive avec l'apprentissage de l'empathie et de la « résistance aux autres ». Une synthèse fera l'objet du chapitre 5 : avec l'apprentissage progressif de la « frustration », notre enfant va développer un « sens de l'effort » et une plus grande accommodation aux adversités présentes et futures de la vie.

Être parent est donc bien difficile et souvent « frustrant », mais dès maintenant, sachons-le, cet aspect parfois « déplaisant » de l'éducation, auquel je veux vous convier, apportera beaucoup de bonheur à nos enfants. Tentons d'accepter ces « frustrations » éducatives pour vivre un hédonisme à long terme, à savoir la joie d'avoir des enfants heureux !

---

1. B. Cyrulnik, *Un merveilleux malheur*, Paris, Odile Jacob, 1999, p. 10.

CHAPITRE PREMIER

Comment vivent les « enfants heureux » ?

Il ne peut y avoir une définition de l'enfant heureux. Nous, les parents, avons nos propres valeurs et nous tenons avant tout à ce que notre enfant vive dans une certaine philosophie de vie : ce sera la « marque » de notre éducation avant qu'il ne vole de ses propres ailes. Ce n'est certes pas à nous, les « professionnels » de l'éducation, de vous dire ce que doit croire votre enfant sur le plan religieux, ce qu'il doit apprendre politiquement ou vivre culturellement. Vous savez pertinemment que vous favoriserez certaines valeurs, certains comportements ou certaines compétences. Mais je pense qu'il est incontournable d'apporter certains savoir-faire à nos enfants et que ce « dénominateur commun éducatif » ne peut être négligé parce qu'il empêche notre enfant d'être… malheureux.

Qu'est-ce qu'un enfant heureux ?

L'enfance est le plus souvent synonyme de joies et de drames intenses, elle ne fait pas dans la nuance. Il est bien difficile de s'y retrouver : mon enfant est-il heureux quand il semble vivre un bonheur intense bien que fugitif ou l'est-il pleinement quand il montre une certaine solidité devant les aléas de la vie quotidienne ?

Il me semble qu'il existe des enfants heureux de vivre et d'autres qui le sont moins ou qui ne profitent pas pleinement de leur enfance. Bien sûr, un tout-petit ne nous dira pas s'il est dans la joie de vivre ou dans la détresse, il ne possède pas les mots pour s'exprimer. Il est donc nécessaire, dans un premier temps, de savoir observer notre enfant. Un enfant en bas âge, avant l'acquisition du langage, signe son bonheur par ses émotions et ses comportements : il est donc bon d'entendre le ressenti de nos enfants et de voir comment ils agissent avec les autres, avec la réalité environnante. Quand il sera plus grand, cette règle restera essentielle même si l'enfant peut « dire » sa vie.

➤ *Enfant sage ou enfant heureux ?*

Au début du XXe siècle, beaucoup de parents ne se posent pas la question du bonheur des enfants : si les tout-petits obéissent sans problème aux exigences parentales et plus tard à l'instituteur ou au prêtre, ils sont qualifiés d'enfants « sages » et vont devenir les bons adultes de demain. Le film *Le Ruban blanc* de Michael Haneke nous rappelle que l'autoritarisme familial ou religieux formate et annule l'enfance. À cette époque, rendre un enfant heureux est une question que la majorité des adultes ne se pose pas. Il nous faut attendre certains pionniers et spécialistes de la petite enfance pour que le tout-petit soit accepté dans son statut d'enfant et respecté dans sa singularité. Maria Montessori, A. S. Neill et plus tard Françoise Dolto vont devenir, en Europe, les porte-parole d'une nouvelle philosophie : le droit au bonheur des enfants. Et puis, progressivement, depuis quelques décennies, nous sommes passés d'un « droit » à une « exigence » : rien ne doit se heurter au plaisir de l'enfant et le parent est le garant de ce bonheur-là.

➤ *L'enfant plaisir ?*

Une soirée d'automne à mon cabinet de consultation, j'anime un groupe de parole avec des parents. Certains sont nés dans les années 1950 et d'autres, en majorité, ont entre trente et quarante ans. Le thème du débat tourne autour du « bonheur de l'enfant »...

UN PARENT « QUINQUA » — J'ai connu l'époque où le parent était loin de l'enfant, ne lui parlait pas, ne faisait pas grand-chose avec lui... L'enfant était vite confié aux curés, aux enseignants... On nous regardait comme des petits sauvages... L'impression qu'il fallait vite quitter l'enfance, que c'était quelque chose de pas bien...

LE THÉRAPEUTE — Aviez-vous le sentiment d'être un enfant heureux ?

LE PARENT « QUINQUA » — Je ne crois pas... Plutôt un sentiment d'exclusion.

UN « JEUNE » PARENT — J'ai connu, au contraire, des parents très proches qui ont su jouer avec moi, me raconter des histoires au moment du coucher, des parents qui m'ont appris plein de choses, qui me stimulaient, me protégeaient.

LE THÉRAPEUTE — Vous étiez un enfant plutôt heureux ?

LE PARENT « JEUNE » — Oui, et c'est ce que j'ai voulu reproduire avec mes enfants... J'avais l'impression que leur donner la même présence, le même amour allait les rendre heureux...

LE PARENT « QUINQUA » — Et moi je pensais qu'éduquer les miens de façon radicalement différente de ce que j'avais vécu allait faire leur bonheur !

LE THÉRAPEUTE — Vous semblez dire, tous les deux, que vos enfants ne sont pas heureux malgré tout ce que vous faites pour eux ?...

LE PARENT « JEUNE » — Mes enfants prennent beaucoup de plaisir avec nous, mais il y a souvent des drames pour pas grand-chose : une dispute avec la fratrie, pour aller voir les grands-parents, manger ce qu'on propose aux repas... Une multitude de petits incidents.

LE PARENT « QUINQUA » — Pareil chez moi… Et souvent je me dis qu'au final, ils auraient dû connaître ce que j'ai vécu enfant, ils comprendraient leur chance !

Que s'est-il passé ? Ces deux parents n'expriment aucune ambiguïté : ils veulent le bonheur de leurs enfants, ils ont tout fait pour et pourtant quelque chose grippe. Ils doutent. Et plus tard dans le débat, ils l'affirmeront : « Nous avons voulu bien faire mais nous avons rencontré des enfants qui avaient l'air plus “heureux” que les nôtres… » Nous faisons alors un premier constat : leurs enfants obtiennent beaucoup de moments gratifiants, ils ont des parents qui leur offrent un maximum de plaisir, matériel ou affectif, mais ils semblent fragiles dès que la vie quotidienne ne leur donne plus satisfaction. La question se pose : comment sont ces autres enfants qu'ils estiment plus « heureux » que les leurs ?

➤ *L'enfant bien dans sa peau…*

Nous avons tous connu des enfants qui, sans être constamment « sages », font preuve de beaucoup de joie de vivre, même lorsque les parents ne sont plus disponibles. Ces enfants qui nous demandent de jouer avec eux, mais acceptent, quand nous voulons arrêter, de s'occuper tout seuls. Ces autres qui accourent pour nous dire bonjour alors que nous sommes à peine arrivés. Ces petits qui essaient d'aider tant bien que mal les parents pour mettre un couvert, ou emporter tel ou tel aliment de la cuisine. Et encore les enfants qui chantent, qui échangent avec les convives et savent regagner leur chambre quand c'est l'heure du repos… Un tableau qui serait idyllique ? Ces enfants-là ont leurs petites périodes de « crise » et peuvent parfois s'entêter à désobéir, refuser tel ou tel plat, solliciter l'adulte pour jouer ou écouter une histoire, rechigner à faire la sieste quand tout le monde adulte est bel et bien éveillé. Mais ces enfants savent s'arrêter et accepter les demandes de ce même monde adulte.

➤ *Erwin est-il un enfant malheureux ?*

Dans ma pratique de psychologue clinicien psychothérapeute, je rencontre des enfants de tous âges : du jeune enfant jusqu'à l'adolescent. Beaucoup ont des difficultés de comportement et d'adaptation, que ce soit à la maison, à l'école ou dans les milieux d'accueil comme la crèche pour les plus jeunes. Rares sont les diagnostics qui signent une réelle pathologie, la plupart ont tout simplement du mal avec leur quotidien d'enfant. D'autres petits ne manifestent aucun dysfonctionnement majeur, mais ils apparaissent très fragiles devant leurs congénères ou quand ils font face à certaines adversités. Si les parents viennent consulter pour leur donner plus de force, une pensée semble être commune : « Notre enfant n'a pas l'air heureux… »

LES PARENTS — Quand nous voyons Marc (3 ans) qui se désintéresse d'un jouet au bout de cinq minutes et pleure s'il n'a pas trouvé quelque chose de nouveau à faire… Je ne pense pas qu'il soit heureux, il n'est pas serein, il en veut « toujours plus »…

LE THÉRAPEUTE — Vous vivez certainement des moments où le petit Marc semble content, satisfait ?

LES PARENTS — C'est justement ça le problème ! Nous avons toujours l'impression qu'il vit des instants de plaisir très courts, que tout est vite oublié parce qu'il veut autre chose, rien ne semble le contenter… Nous le prenons dans nos bras pour lui conter une histoire, il repart dans sa chambre prendre un jouet. Nous le croyons passionné par ce jeu qu'il rapporte et deux minutes plus tard, il vient nous chercher pour autre chose et ainsi de suite… C'est un éternel insatisfait et comment va être la suite de sa vie ! Déjà sa classe de maternelle lui pose problème. Les institutrices font le même constat que nous : Marc est insatiable et pleure dès que les adultes ne peuvent pas répondre à ses demandes…

Le petit Marc n'est certainement pas « malheureux », mais il n'est pas heureux : la peine, les récriminations, les attentes toujours déçues, l'incompréhension de ce monde qui ne répond pas à ses demandes l'emportent tout simplement sur les moments de joie.

➤ *Bébé Luc est-il heureux ?*

Luc doit avoir 6 ou 7 mois. Ses parents viennent consulter pour sa sœur aînée âgée de 3 ans. La maman reste dans la salle d'attente avec le petit Luc et j'entends des hurlements pendant toute la consultation. Je questionne le père…

LE THÉRAPEUTE — Le petit bébé n'a pas l'air très content…
LE PÈRE — Ne m'en parlez pas… ce n'est pas toujours facile avec Adrienne, mais là c'est le pompon, j'ai l'impression que ça va être encore pire…
LE THÉRAPEUTE — Parce que… ?

Et le père de me conter le quotidien du bébé Luc : il pleure pratiquement tout le temps, pique des colères monstres et ne connaît aucun moment de répit hormis les petites siestes (qu'il refuse d'abord en hurlant) et, bien sûr, ce n'est que mort de fatigue qu'il s'endort.

LE THÉRAPEUTE — Pas de moment de répit… mais quand il joue, quand vous faites des câlins, cela doit le rendre heureux ? Et sa mère est disponible puisqu'elle reste à la maison ?
LE PÈRE — C'est justement le problème. Si on s'occupe constamment de lui, il semble gai, mais dès qu'on veut le remettre au lit ou tout

simplement qu'il soit un peu seul avec ses jouets dans son parc, c'est le drame.

LE THÉRAPEUTE — Et pour manger ?

LE PÈRE — Ma femme a voulu espacer les repas après lui avoir donné le sein à la demande, et il réclame souvent le biberon. Quand il l'a, il est content, mais n'a pas l'air forcément rassasié. Il ne l'est d'ailleurs jamais, que ce soit pour les câlins, les jeux… Il faut tout le temps qu'on s'occupe de lui mais c'est normal à cet âge !

Oui, sans doute, notre première réaction devant les excès de caractère d'un tout-petit est de penser que « c'est normal »… Il n'a pas encore les mots pour exprimer ce qu'il veut ou ne veut pas, ce qu'il ressent négativement ou non, alors le seul moyen qui lui reste pour se faire entendre est de solliciter les adultes par ses pleurs et ses cris. Oui, mais là encore, tout est affaire de nuances : un bébé qui pleure et crie agit comme un tout-petit qui n'a pas les outils adultes pour s'exprimer, mais il connaît aussi des phases de vie où il exprime de la joie et du bonheur d'être parmi nous ! Je me souviens de la petite Lucie, 8 mois : elle maugréait quand le biberon était fini, mais affichait un large sourire dès qu'on l'approchait. Heureuse de manipuler des objets dans son berceau en présence d'adultes mais aussi satisfaite, seule, de regarder les mobiles accrochés. Quémandeuse de bisous et de caresses, mais jamais en colère quand le parent interrompait la relation. Bien vivante et souriante quand elle se promenait dans sa poussette, toujours désireuse d'entrer en contact avec les autres mais jamais ramenée à la maison avec des hurlements de détresse…

Alors pourquoi le bébé Luc était-il si différent ? Était-ce son « tempérament », sa « susceptibilité génétique » ? J'appris très vite en écoutant les parents que leur fille aînée Adrienne présentait, elle aussi, les mêmes difficultés « dès qu'on n'est pas là pour lui donner satisfaction… ».

➤ *Les caprices d'Adrienne*

LE THÉRAPEUTE — Adrienne ne semble pas contente… (Adrienne a 4 ans, elle pleure pendant la séance, ne cesse de s'agiter sur sa chaise, va sur les genoux de son père, revient sur son siège, tente de prendre des objets sur mon bureau, essaie de quitter les lieux, appelle sa mère, revient pour se rouler sur un canapé, pleure de nouveau, refuse de colorier une page… et ne se calmera que lorsque j'aurai haussé le ton en la regardant fermement dans les yeux…)

LE PÈRE — Et voilà, elle n'obéit que si on lui crie dessus… (Et Adrienne de reprendre ses pleurs de plus belle, d'où intervention « chaleureuse mais très ferme » du thérapeute pour obtenir un certain calme qui me permet d'engranger quelques informations sur la façon dont s'est déroulé le dernier dimanche à la maison…)

LE PÈRE — Ce n'est vraiment pas un dimanche de repos pour nous les parents.

LE THÉRAPEUTE — C'est-à-dire… ?

LE PÈRE — D'abord, fini les grasses matinées, elle nous réveille très tôt et s'engouffre dans notre lit. Rien n'y fait, on allume la télévision dans le salon mais elle remonte illico dans notre chambre. Et puis, c'est la première crise pour le petit déjeuner… Il y a toujours un problème : elle veut changer de céréales, demande ce qu'on n'a pas, se plaint que le chocolat est trop chaud, ou trop froid… La toilette est aussi terrible, elle pigne, hurle parce que l'eau est trop chaude ou trop froide. S'habiller est tout un problème, elle veut tel ou tel habit, choisit les couleurs, revient sur son choix, réclame une autre petite robe…

LE THÉRAPEUTE — Et j'imagine que les après-midi sont un peu houleux…

LE PÈRE — On fait tout pour la distraire, des jeux à la maison, et elle peut voir des chaînes de télévision avec des dessins animés pour enfant, nous avons la télé par satellite… Des fois on va se promener au zoo, mais très vite elle ne veut plus marcher et voudrait aller dans la poussette du petit frère. Puis ce sont des demandes incessantes pour boire, manger. Et bien sûr le drame si on n'achète pas un petit jouet à la sortie…

LE THÉRAPEUTE — Vous faites tout pour « animer » ses dimanches…

LE PÈRE — Et ça ne marche pas, plus on en fait, plus elle nous fait de crises. Pourtant jamais elle ne s'ennuie, on lui propose toujours quelque chose ! Il n'y aurait que la télévision qui la calme un peu. Mais, au final, nous, on attend qu'elle s'écroule de fatigue pour l'emmener dans sa chambre.

LE THÉRAPEUTE — Bref, vos dimanches sont durs…

LE PÈRE — Mais on nous a dit, ou je l'ai lu quelque part, il paraît que c'est toujours comme ça quand un autre enfant naît…

LE THÉRAPEUTE — Vous lui aviez parlé du futur petit frère ?…

LE PÈRE — Oui, et elle semblait très heureuse d'avoir un bébé à la maison. Mais dès qu'elle a vu qu'on s'occupait de lui et surtout qu'elle ne pouvait pas jouer avec lui comme avec ses poupées, le petit frère n'a plus été en odeur de sainteté !…

LE THÉRAPEUTE — Et ces cris, ces pleurs ont-ils toujours existé, bien avant la naissance du petit frère ?…

LE PÈRE — Elle a toujours été très tonique, très quémandeuse, parfois très colérique… Mais là, ça dépasse les bornes, et puis à la crèche elle commence à ennuyer le personnel et vous savez ce que c'est, les adultes sont peu tolérants, faut que tout le monde rentre dans le rang et comme Adrienne est un peu « rebelle »…

LE THÉRAPEUTE — Surtout si les jours de la semaine ressemblent aux dimanches !

LE PÈRE — Oui, bien sûr, je les comprends, mais tout de même, c'est normal d'être un peu turbulente à son âge !

Sans doute, un enfant qui ne demande rien, qui ne veut rien, ne joue à rien, ne communique pas, n'exprime jamais aucun sentiment et se retire du monde n'est pas l'incarnation d'une grande vitalité ou d'un grand bonheur. Mais les parents d'Adrienne ne connaissent pas les joies du dimanche en famille. Pour le père, cela semble inconcevable qu'un dimanche se passe bien quand on a la charge de petits enfants. Le point commun entre la sœur et le petit frère est une forte vulnérabilité, une fragilité dès que la vie ne répond pas à leurs attentes et donc un refus de toute frustration ! Jamais de trêve dans les joutes perpétuelles de ces enfants pour « obtenir ce qu'ils veulent ». Mais jamais de satisfaction non plus, sur le long terme, quand ils ont enfin ce qu'ils désirent. Ces enfants-là ne sont pas heureux.

Dans ces anecdotes, certains enfants souffrent de ce que j'appelle une « intolérance aux frustrations », tout devient dramatique dès lors qu'ils ne peuvent obtenir ce qu'ils veulent immédiatement ou tout simplement quand la réalité environnante ne leur apporte pas de plaisir.

➤ *Lucie ne dit rien*

LE THÉRAPEUTE — Dites-moi comment Lucie (à peine plus de 3 ans) vit son entrée en petite section de maternelle ?

LES PARENTS — Les adultes de l'école nous disent qu'elle est trop timide, qu'elle semble apeurée et qu'elle a bien du mal à faire des choses avec le groupe d'enfants. Elle a tendance à s'isoler…

LE THÉRAPEUTE — Des enfants un peu craintifs, cela existe…

LES PARENTS — Oui, mais on nous dit d'elle qu'elle est triste… et c'est vrai, quand nous essayons de lui parler de sa journée d'école, ses yeux deviennent tout embués… et si nous insistons pour savoir ce qui s'est passé, elle peut pleurer. Surtout, c'est comme si elle n'arrivait pas à parler… Pourtant, nous savons bien qu'elle comprend parfaitement ce qu'on lui dit. Elle semble tout garder pour elle.

LE THÉRAPEUTE — A-t-elle toujours été un peu timide, craintive avec les autres enfants ?

LES PARENTS — Toujours… Elle évitait les enfants de nos amis quand ils venaient à la maison. Elle préfère être seule… Et surtout que nous soyons là avec elle… Quand nous sommes ensemble pour nous promener le dimanche, tout va bien, elle est plus loquace. Il suffit d'aller dans un parc à jeux pour qu'elle se ferme subitement, elle semble comme paralysée… Alors nous reprenons la balade en famille…

LE THÉRAPEUTE — Elle a du mal avec les autres…

LES PARENTS — Et comment voulez-vous qu'elle soit heureuse plus tard ?

Il existe des enfants qui ne sont ni « quémandeurs », ni très « offensifs ». Comme la petite Lucie. Ils souffrent parce qu'ils ont peur de la réalité. Ils ne sont pas « contre le réel » mais « hors du réel » tant ils se sentent impuissants à l'affronter. Ce sont souvent des enfants qui ont un tempérament anxieux et qui n'ont pas, *a priori*, les ressources pour faire face aux aléas de la vie. Nous verrons comment les aider à retrouver une bonne confiance en soi, étape indispensable à l'élaboration d'une bonne estime de soi.

➤ *Jules et la tragédie scolaire*

Jules n'a que 5 ans et demi lorsque ses parents consultent. Il termine son année en grande section de maternelle et la famille appréhende beaucoup la prochaine rentrée à la grande école, l'entrée en classe de CP. Jules n'a rien des enfants impulsifs et plutôt offensifs que j'ai décrits précédemment. C'est un blondinet au teint un peu blême, il est calme, sait dire bonjour, il est peu loquace mais très attentif quand ses parents parlent de lui. Le père comme la mère disent de lui qu'il est un enfant qui ne pose pas de problèmes particuliers, qui sait être sociable, désobéit parfois mais ne rentre jamais dans des colères incontrôlées. Comme beaucoup d'enfants, il est parfois difficile à table, il n'est pas toujours ravi de devoir arrêter une activité qui lui plaît ou d'aller se coucher aux heures fixées mais, globalement, ce n'est pas du tout un « enfant-roi »…

LE THÉRAPEUTE — Jules a l'air d'être un petit enfant bien tranquille… Mais vous venez me voir pour…

LES PARENTS — C'est à cause de son attitude en classe, nous avons l'impression que ce n'est pas toujours facile pour Jules… Et l'an prochain, il ne sera plus en maternelle, on sait comme cela change, il risque d'être encore plus malheureux.

LE THÉRAPEUTE — Jules est malheureux ?

LES PARENTS — Malheureux est sans doute un bien grand mot, mais il revient parfois en pleurs de l'école et la maîtresse nous dit souvent qu'il a du mal à vivre le milieu scolaire. (Écoutant ces mots, Jules me regarde, ses yeux sont mouillés. Je vérifie auprès des parents s'il n'existe pas d'autres signes qui pourraient révéler une sorte de dépression de l'enfant – refus de s'alimenter, de jouer, de communiquer, expressions quasi permanentes de tristesse –, non, le problème est bien cette difficulté à vivre la vie à l'école…)

LES PARENTS — Comme le dit la maîtresse, il manque de confiance en lui, il faut qu'il vérifie auprès d'elle s'il a bien fait ou pas et dès qu'on lui demande de faire quelque chose de nouveau, il devient tendu, panique un peu, ne sait plus comment faire et là encore demande de l'aide… Sans parler de la relation aux autres, il est toujours craintif, a peur de déplaire, partage ses affaires et ne les réclame pas s'il tombe sur un enfant plus téméraire que lui…

LE THÉRAPEUTE — Et au quotidien, à la maison, pendant les moments de loisir ?

LES PARENTS — Dès qu'on lui propose quelque chose de nouveau, il semble perdre ses moyens, nous guette du regard, il attend souvent de l'aide, comme s'il subissait, comme s'il était impuissant… Il a parfois de véritables crises d'angoisse quand il perçoit un danger ! Sans parler des premiers pas dans la mer, de certaines balades en montagne, faire un tour en balançoire, un tour de manège, ou simplement jouer dans un parc pour enfants… Tout devient vite dramatique pour lui… Et si on l'écoutait, il ne ferait des choses qu'avec nous… Mais, vous comprenez, nous ne pouvons pas toujours être là et l'école c'est bien un lieu sans les parents.

LE THÉRAPEUTE — Vous parlez de crises d'angoisse, de pleurs... A-t-il des petits problèmes de santé ?

LES PARENTS — Oh ! oui, toute la batterie de ce que vous appelez, vous les « psys », les problèmes psychosomatiques : maux de tête, de ventre, diarrhées fréquentes la veille d'une activité qu'il redoute à l'école...

LE THÉRAPEUTE — Et une façon d'être qui signe pratiquement un « stress » ?

LES PARENTS — Oui, il est tendu, hypervigilant, toujours en quête de savoir ce qui va se passer, à l'affût des moindres choses, inquiet pour lui et pour tout le monde. On a l'impression qu'il n'est jamais en repos dans sa tête... Et puis, en résumé, il n'aime pas faire des choses tout seul, il a constamment besoin d'être rassuré sur ce qu'il fait, il n'est satisfait que lorsqu'on lui dit que c'est bien...

LE THÉRAPEUTE — Et il a sans doute tendance à abandonner face à un petit échec, peut manquer de persistance...

LES PARENTS — C'est ça, oui. Vous comprenez notre inquiétude pour la rentrée en grande classe !

Les émotions de l'enfant

➤ *Savoir observer son enfant*

Pas question que les parents deviennent les psys... de nos enfants en ne voyant chez eux que matière à diagnostic. Il est toutefois utile, lorsque notre enfant semble constamment en guerre avec les autres et la réalité ou quand, au contraire, il paraît trop les subir, de bien observer sa façon de résoudre ou non ses difficultés. Et surtout, il nous faut tenter de bien saisir ses réponses émotionnelles. L'enfant ne s'accommode pas facilement au réel et c'est tout à fait normal : il est banal qu'un tout-petit alterne les moments de joie avec des pleurs parce que les choses ne se passent pas toujours comme il l'a prévu. En revanche, quand les moments de pleurs et de colère l'emportent sur les temps de bien-être, il est bon de nous questionner sur les réactions de notre enfant : sont-elles proportionnées aux difficultés qu'il rencontre ? De même, s'il est commun qu'un enfant ait du mal à se « socialiser » avec les autres enfants, reconnaître que cela lui est insurmontable peut nous inciter à lui donner des outils pour affronter ce quotidien. Une fois de plus, c'est la réponse émotionnelle de notre enfant qui va nous alerter sur le « savoir-faire éducatif » dont nous avons besoin pour l'aider à devenir plus heureux. Les émotions de l'enfant ne sont pas mesurées, certes, mais elles peuvent devenir constamment disproportionnées et c'est là qu'il nous faut être vigilants. Les émotions de nos enfants sont une clef pour évaluer s'ils sont heureux ou non.

➤ *Des émotions négatives*

Une chose semble établie, les deux excès, émotionnel et comportemental, que sont l'anxiété et l'intolérance aux frustrations sont la pierre angulaire de la souffrance de l'enfant et de celle de sa future vie d'adulte.

Qu'il s'agisse du bébé Luc, des petits Erwin, Adrienne, Lucie ou Jules, les parents témoignent de la même inquiétude : leurs enfants semblent submergés par leurs émotions, ne peuvent plus s'adapter à leur contexte de vie. Ils vont mieux quand c'est justement l'environnement qui leur donne satisfaction et, *a contrario*, ne sont plus heureux quand ce dernier les contredit ou les inquiète.

Pourtant, s'il fallait choisir entre ces deux réactions excessives chez un enfant, beaucoup de parents opteraient pour ce qu'ils appellent un comportement certes agressif mais « affirmé » ! Attention cependant de ne pas se laisser leurrer par les profils soi-disant « forts »… L'enfant affirmé se respecte et respecte les autres, il n'est pas malheureux car il ne ressent pas une quelconque agressivité de la part des autres et de la réalité en général… Il dit ce qu'il veut, pense et ressent tout en respectant ce que les autres veulent, pensent et ressentent. Rien à voir avec les comportements d'égocentrisme et de satisfaction immédiate de ces enfants dits abusivement « affirmés » mais qui sont en fait nos « intolérants aux frustrations » qui, eux, font et disent ce qu'ils veulent avec l'unique souci d'obtenir leur plaisir, même si c'est au détriment des autres.

➤ *Les émotions qui ne rendent pas heureux*

LES PARENTS — À 2 ans, c'est tout de même normal de crier quand on n'est pas content…

LE THÉRAPEUTE — Bien sûr, mais crier à n'importe quelle contrariété, cela peut être excessif, même pour un tout-petit. Et quelquefois, en tant que parents, on a bien du mal à calmer un enfant qui fait une grosse crise de colère. On ne sait plus quoi faire et notre enfant semble bien malheureux. Mais il n'y a pas que les pleurs, les cris, les colères qui inquiètent.

LES PARENTS — Vous voulez dire quand l'enfant a d'autres émotions fortes ?

LE THÉRAPEUTE — Oui, quand, par exemple, un tout-petit fait un mauvais cauchemar et qu'il est blême de peur, là non plus, nous ne le sentons pas très heureux.

LES PARENTS — Alors, un enfant ne peut pas être heureux ?

LE THÉRAPEUTE — Un enfant ne peut pas être tout le temps heureux. Les moments de joie doivent l'emporter sur les moments de peur ou de colère… À l'inverse, quand notre enfant est le plus souvent dans les cris et les peurs, il va falloir l'aider car il nous montre que ce qu'il vit ne le rend pas très heureux…

L'émotion d'un enfant n'est pas nuancée, et ce n'est pas son intensité qui traduit un éventuel « mal-être » mais sa fréquence. Et plus l'enfant grandit, plus la fréquence de ses « pics émotionnels » va avoir tendance à diminuer, surtout avec l'apparition du langage. Si, *a contrario*, notre enfant amplifie ses états d'âme « disproportionnés » devant tel ou tel événement « banal », il nous fait nous questionner.

➤ *Un être d'émotions*

Les enfants, comme nous les adultes, ressentent des émotions négatives et c'est tout à fait normal. Certaines émotions sont dites « adéquates » quand elles ne sont pas disproportionnées, que l'enfant peut encore communiquer avec son environnement et changer certaines réactions devant une situation difficile. À l'inverse, une émotion négative « inadéquate » a tendance à submerger l'enfant et augmentera en fréquence. Elle le rend impuissant devant une adversité soit par l'inhibition liée à l'anxiété, soit par le refus de ses colères. Dans le domaine de l'anxiété, en langage « psy », nous avons l'habitude de dire que la crainte, l'inquiétude sont des émotions négatives adéquates quand l'angoisse demeure une émotion négative inadéquate. Dans celui de l'intolérance aux frustrations, le sentiment de « manque », l'agacement, voire l'énervement, sont un ressenti négatif approprié quand l'excès colérique demeure une émotion négative inadéquate. L'enfant qui éprouve ces émotions « malheureuses » mais adéquates apprend peu à peu qu'être heureux n'est pas la simple sensation de plaisir permanent mais aussi l'inéluctable acceptation de vivre et donc de « ressentir » certains aléas de la réalité.

La question est donc de savoir si mon enfant a tendance à être plutôt anxieux ou plutôt colérique, et si certains excès émotionnels lui apportent beaucoup de désagréments dans sa vie de tous les jours. S'il ne ressent que rarement ces excès émotionnels, s'il manifeste plutôt des émotions appropriées qu'il sait gérer, il peut alors mieux affronter la réalité. Dans le cas contraire, si ses réponses émotionnelles ne se révèlent pas harmonieuses avec les adversités qu'il peut rencontrer, pas de panique, cela montre tout simplement qu'il ne sait pas se « tempérer » et cela, nous pouvons le lui apprendre !

Il est donc souhaitable, non pas de faire le « diagnostic » mais de constater comment vit actuellement notre enfant. Le test ci-dessous ne doit pas « étiqueter » l'enfant et l'enfermer dans une quelconque pathologie mais nous aider à observer ce qui peut l'affaiblir dans sa vie quotidienne. Il évoque les réactions que peut avoir un enfant après deux ans, quand son langage permet une réelle communication avec les parents.

TEST 1

Votre enfant et ses réactions émotionnelles. Que ressent-il ?

Pour répondre à ce test, il suffit d'entourer les réponses « oui » ou « non » dans les cases A, B, C, D selon le comportement habituel de votre enfant à partir de 2 ans. Ensuite, indiquez la fréquence de ces comportements en répondant par « oui » ou par « non » dans les cases E et F.

					Rarement	Fréquemment
Quand...	A	B	C	D	E	F
1. Il ne supporte pas de vous quitter au moment du coucher.	non	oui				oui
2. Il a du mal à rester seul le soir dans sa chambre mais finit par s'endormir seul.	oui	non				
3. Il ne peut jamais jouer longtemps avec le même jeu.			non	oui		

Quand...	A	B	C	D	E	F
4. Il aime les nouveaux jouets et accepte aussi de jouer avec les anciens.			oui	non		
5. Il tente d'éviter constamment les nouvelles personnes.	non	oui				
6. Il n'évite pas un inconnu même s'il est timoré.	oui	non				
7. Il hurle dès qu'il faut faire une sieste.			non	oui	O	N
8. Il ne fait pas un drame dès qu'il doit cesser une activité.	non	oui				
9. Il abandonne facilement quand il rencontre une difficulté.	non	oui				
10. Il veut changer d'activité quand c'est difficile mais devient ensuite persévérant.	oui	non				
11. Il déteste les nouveaux aliments.			non	oui		
12. Il fait la grimace pour un aliment qu'il ne connaît pas et il accepte, au final, de « goûter ».			oui	non		
10. Il peut rester seul sans « drame ».	oui	non				
14. Il demande toujours la présence d'un autre (surtout adulte).	non	oui				
15. Il crie pour refuser de partager un jouet ou un jeu.			non	oui		
16. S'il a du mal à jouer avec les autres, au final cela se passe plutôt bien.			oui	non		
17. Il n'excelle que lorsqu'il est approuvé ou reconnu par un adulte.	non	oui				

Quand...	A	B	C	D	E	F
18. Il ne quémande pas l'approbation des autres.	oui	non				
19. Il pique une bonne colère quand on ne s'occupe plus de lui.			non	oui		
20. Il ne pleure pas longtemps quand on le quitte.	oui	non				
21. Il hurle dès qu'il rencontre un élément nouveau (eau, animaux, etc.).	non	oui				
22. Il se fait au nouveau par habitude.	oui	non				
23. C'est tout un problème pour lui faire dire « bonjour ».			non	oui		
24. Il dit « bonjour » facilement quand on lui demande.			oui	non		
25. Il ne reprend pas une activité ou un jeu dans lesquels il a échoué.	non	oui				
26. Il persiste dans les jeux qui ne lui réussissent pas forcément.	oui	non				
27. Il ne peut pas rester en place quand on va chez le médecin, pleure dès qu'on lui demande de se calmer.			non	oui		
28. Il s'adapte dans les lieux nouveaux et en présence d'un étranger.			oui	non		
29. Il souffre très souvent de maux « somatiques » (comme le mal au ventre), il paraît constamment « tendu ».	non	oui				
30. Il n'a que rarement des « manifestations somatiques » même si c'est un « inquiet ».	oui	non				

Quand...	A	B	C	D	E	F
31. C'est tout un drame dès qu'il doit « obéir » à une règle.			non	oui		
32. Il obéit même s'il apprécie peu les commandements.			oui	non		
33. Il est « hypervigilant », toujours sur ses gardes.	non	oui				
34. Il est très observateur, pas très serein.	oui	non				
35. Il refuse tout ce qui n'est pas initié par lui.			non	oui		
36. Il accepte peu à peu une activité qu'il n'a pas choisie.						
37. On pense souvent de lui que c'est un « angoissé ».						
38. On trouve que c'est un « inquiet ».						
39. Il a beaucoup de conflits avec les autres en général.			non	oui		
40. Sans être « facile » avec les autres enfants il s'adapte avec le temps.			oui	non		

Résultats

• Faites le total des réponses « oui » de la colonne « B » pour les n°s 1, 2, 5, 6, 9, 10, 13, 14, 17, 18, 21, 22, 25, 26, 29, 30, 33, 34, 37, 38. Refaites un nouveau total de vos réponses « oui » pour ces mêmes questions pour la colonne « F » (« fréquemment »). Si vous obtenez un score supérieur à 30, il est peut-être bon de réguler l'anxiété de votre enfant et les chapitres 3 et 4 vous y aideront.

• Faites ensuite le total des réponses « oui » de la colonne « D » pour les n°s 3, 4, 7, 8, 11, 12, 15, 16, 19, 20, 23, 24, 27, 28, 31, 32, 35, 36, 39, 40. Refaites un nouveau total de vos réponses « oui » pour ces mêmes questions pour la colonne « F » (« fréquemment »). Si vous obtenez un score supérieur à 30, votre enfant souffre peut-être d'une assez grande « intolérance aux frustrations » et les chapitres 4 et 5 peuvent vous être utiles.

➤ *Les enfants sont des êtres humains... faillibles !*

Ce petit test n'est à interpréter que comme une simple indication, une « tendance », un enfant ne peut se résumer à quelques comportements. Cependant certaines des attitudes rapportées dans le test traduisent ce que j'ai souvent observé comme étant typique des profils anxieux ou intolérants aux frustrations. Éprouver de l'anxiété ou ressentir de la colère est des plus normal, il n'est pas question de figer l'enfant dans une quelconque pathologie anxieuse ou colérique. Nous savons tous que la gestion émotionnelle évoluera avec le temps, avec les rencontres, les expériences et avec le futur développement physique et psychique. Cependant, il est souhaitable non seulement de tempérer certains signes « négatifs » qui peuvent apparaître précocement chez le jeune enfant mais aussi de favoriser l'émergence des aspects positifs que nous lui reconnaissons. Certaines réactions ou façons de faire peuvent être atténuées, voire corrigées, certaines dispositions peuvent être renforcées, positivées par l'éducation quotidienne.

En fait, tous les enfants éprouvent un ensemble de réactions émotionnelles qui vont de l'anxiété à l'intolérance aux frustrations. C'est bien normal, les enfants, même si certains de leurs comportements traduisent tel ou tel trait de personnalité, vivent tous des émotions diverses. Et, dans leur ressenti « négatif », ils passent allégrement des sentiments anxieux aux réactions colériques quand la réalité se montre trop prégnante. Pour quelles raisons l'enfant éprouve-t-il de telles émotions ? Qu'est-ce qui est normal et souhaitable ? Quelles sont les hypothèses qui nous aident à comprendre pourquoi l'enfant vit parfois des émotions aussi disproportionnées que l'anxiété massive ou un fort refus de l'adversité ?

➤ *Du* « fight or flight » *biologique*

Un peu de théorie !

Sans jouer les Darwin, il est bon de se souvenir que l'être humain ne doit sa survie qu'à ses deux réactions émotionnelles primaires ou fondamentales : la peur ou l'anxiété, qui lui font fuir ou anticiper les situations les plus dangereuses, et la colère, qui lui permet d'agresser et de vaincre celui qui cherche à lui nuire. Nous avons gardé ces deux réactions quasi instinctives de survie même si elles sont le plus souvent irrationnelles car inappropriées même devant les dangers réels que l'on rencontre. Le petit enfant possède, lui aussi, ces deux outils de survie que sont l'anxiété et la colère, mais il apprend, *via* la médiation de ses parents, qu'il est possible de vivre sans ces manifestations émotionnelles outrancières. Sécurisé par les adultes, l'enfant va découvrir peu à peu que si beaucoup d'événements ou de personnes se révèlent inquiétants, ils ne sont pas mortels. De même, si d'autres situations signent l'agressivité de certains, il n'est guère besoin de contre-agresser pour survivre. Nous verrons dans les chapitres suivants les outils à utiliser pour que l'enfant ne sollicite pas ses « instincts primaires » et vive des émotions adaptées, en quelque sorte, humanisées.

L'enfant et « sa » réalité

➤ *Naissance des « schémas cognitifs »*

LES PARENTS — Pierre (4 ans et demi) hurle dès qu'un autre enfant veut lui emprunter un jouet…

LE THÉRAPEUTE — Il est très jeune, il est bien rare qu'à son âge on prête ses jouets avec plaisir.

LES PARENTS — Certes, mais Pierre a les mêmes réactions qu'il soit à l'école ou à la maison…

LE THÉRAPEUTE — Avec son grand frère ?

LES PARENTS — Non, pas seulement... L'autre jour, je prends un de ses jouets pour le ranger et il se met à pleurer. Ce n'était pas un caprice, il avait l'air vraiment malheureux... Je lui ai demandé pourquoi il avait l'air si triste. Il ne pouvait rien dire, il n'arrêtait pas de pleurer...

LE THÉRAPEUTE — Quand il ne s'agit pas d'un caprice passager, il est souvent normal pour le tout-petit que sa peur le submerge. Il est bon de comprendre ce qu'il a pu « apprendre » avec le fait de prêter ou non ses jouets... À l'école, Pierre n'a jamais connu d'événement fâcheux au sujet des jouets ?

LES PARENTS — Ah ! oui, lors de l'entrée en petite section de maternelle... Un autre enfant l'avait battu parce qu'il voulait garder sa peluche pour lui...

LE THÉRAPEUTE — Sans tirer des conclusions définitives, Pierre a pu apprendre que cette violence d'un autre enfant était « la » réponse normale à son comportement : j'ai un jouet (il est trop petit pour comprendre la notion de « prêt » ou non) et ce jouet peut provoquer de la violence envers moi... L'enfant ne peut relativiser l'incident (il n'en a pas les moyens intellectuels) et il se forge désormais un « schéma », une réponse automatisée liée à ses jouets : quand un autre convoite mon jouet, je risque d'être menacé ou violenté...

LES PARENTS — Et il va toujours vivre cette peur ?

LE THÉRAPEUTE — Ce qui est formidable chez l'enfant c'est qu'il peut défaire ses « schémas » aussi facilement qu'il les a construits... Il suffira de lui désapprendre ce qu'il a vécu. Que l'on peut prêter un jouet sans risque et, au contraire, créer de la joie chez l'autre. Cela s'appelle une « désensibilisation »...

L'être humain développe des idées, des attentes et des hypothèses sur lui-même très tôt durant les deux premières années de sa vie. Mais ce sont des idées « vagues », peu pertinentes. La précision se développe de 2 à 5 ans et encore plus dans les années qui suivent. Je suis psychologue cognitiviste et à ce titre je sais qu'un tout-petit ne peut « élaborer » des pensées que comme un tout-petit, c'est-à-dire avec très peu de moyens. Il faudra attendre la pensée « opératoire » et « formelle » pour que s'inscrivent de réels schémas de pensée quand l'enfant, puis l'adolescent se verront capables d'émettre des hypothèses et de manier les concepts les plus abstraits. En revanche, il est important de reconnaître que des schémas de type « stimulus-réponse » vont s'inscrire très tôt dans le cerveau et risquent fort de « conditionner », de créer des automatismes émotionnels et comportementaux chez le petit enfant !

Un enfant qui entend des parents fatigués ou excédés « crier » quand il réclame à manger peut générer un schéma « peur » chaque fois qu'il a faim. Ce schéma va devenir « automatique », subconscient. Dès qu'il réclame de la nourriture, il peut « penser » inconsciemment : « Je risque le rejet ou la destruction quand j'ai faim… » et se créer d'autres « cognitions » qui lui sont associées : « Si j'ai peur, c'est que la situation est dangereuse… », et ainsi de suite. L'émotionnel peut susciter des pensées, des cognitions « irrationnelles » liées à un activateur précis (la peur réelle de parents violents). L'émotion ressentie à l'état brut peut devenir irréaliste si elle suscite des « généralisations » ou des « attentes » abusives et hors réalité. Dans mon exemple, la situation originale, des cris au moment de l'alimentation, peut traduire des pensées automatiques comme : « La faim génère de la peur » ou : « Tous ceux qui donnent à manger sont dangereux » ou : « Désormais, quand j'aurai faim, je dois compter sur moi ». Ce sont les conclusions que l'enfant a immédiatement interprétées, il se crée une « chaîne d'inférence inconsciente », qu'il faut confronter, changer, « disputer » et seule la médiation de l'adulte le peut.

➤ *L'enfant interprète « sa » réalité*

Il est intéressant de retrouver l'origine, la réponse traumatique qu'a subie l'enfant pour expliquer la force « émotionnelle » du ressenti mais cela n'est pas suffisant. Il est bon de comprendre que l'enfant s'est dit des « irrationalités » pour expliquer ses peurs, là où il lui aurait été utile d'entendre : « Tes parents sont violents et cela ne signifie pas que tous ceux qui donnent à manger le seront. » L'enfant interprète ce qu'il vit avec les moyens du bord et résume tous les événements à sa façon. Il ne perçoit pas les choses avec nuance, il fait une rapide synthèse de ce qu'il ressent et il construit son monde à lui avec ce qu'il pense devoir être. Peu à peu il peut développer une façon de penser sa vie très peu réaliste puisque c'est « sa » vision qui prédomine. Nous qualifions ce genre de pensées d'irrationnelles car elles ne reposent que sur la réalité subjective de l'enfant et n'ont pas d'objectivité.

Ainsi, la première grande pensée ou « cognition » irrationnelle chez l'enfant est sans doute sa façon de penser la réalité sans frustration. Le bébé ressent ce qui est bon ou mauvais et il risque de développer une cognition qui va lui dire de renouveler sans cesse le plaisir et d'éviter le déplaisir. Et c'est bien pour cela qu'il me paraît indispensable d'agir en amont avec l'éducation pour apprendre à l'enfant que ce qu'il veut – une obtention quasi permanente de « plaisir » – est une quête tout à fait « irrationnelle ».

La seconde grande pensée irrationnelle des jeunes enfants pourrait être l'« autodévalorisation ». Puisque l'enfant expérimente souvent qu'il fait beaucoup d'erreurs dans ses expériences, ses tentatives de découvrir le monde, il peut (selon la réponse de l'environnement) développer des croyances comme : « Je dois faire mieux que ce que je fais… et si je suis grondé c'est que je fais mal… » Il aura alors tendance, avec le développement du langage, à s'étiqueter en terme de « bon » ou de « mauvais » au lieu d'évaluer uniquement ses actes comme des comportements appropriés ou non. Le comportement ne peut qualifier son auteur, il doit rester un comportement, une façon de faire à un moment donné et non la « marque » de ce que l'on est ou sera toujours. Mais le tout-petit ne cesse de faire l'amalgame entre ce qu'il fait (ce qu'il déclenche comme réponses de l'environnement) et sa propre valeur d'être humain. Une fois encore, le rôle des parents est déterminant : nous pouvons apprendre à l'enfant que sa valeur ne peut et ne doit pas se confondre avec son agir, c'est une partie de lui et non « lui ». Ainsi, un enfant au tempérament anxieux peut apprendre à mieux garder une bonne estime de lui, même s'il a failli, échoué ou commis telle ou telle bévue.

LES PARENTS — Mais comment faire pour apprendre à Jérémy (6 ans) que lorsqu'il échoue à l'école, ce n'est pas sa « valeur » qui est en jeu ?

LE THÉRAPEUTE — Dès que Jérémy excelle dans une activité, que ce soit à l'école ou à la maison, il est bon de lui signifier aussitôt que vous êtes contents de son succès, de son « comportement » ou de son « savoir-faire » mais vous pouvez ajouter : « Et quand bien même tu n'aurais pas réussi à faire ceci ou cela, on t'aime ! »

LES PARENTS — Et, à l'inverse…

LE THÉRAPEUTE — Quand Jérémy échoue à une tâche particulière, bien lui apprendre que c'est une activité qu'il ne maîtrise pas et non la valeur de « tout » Jérémy… Là encore, c'est le « Dommage, tu n'as pas réussi… Mais on t'aime de toute façon ! » qui doit lui être répété sans cesse. Il lui faut apprendre petit à petit : « Ce que je fais, que ce soit bien ou pas bien, ne peut pas décider de ma valeur d'enfant… et d'être humain ! »

L'enfant et « la » réalité

➤ *Aider l'enfant à accepter le réel*

L'enfant anxieux a bien du mal, lui aussi, à gérer et à accepter le réel. Il est trop sensible au regard de l'autre, que ce soit celui d'un adulte ou d'un enfant. Cette hypersensibilité peut avoir des origines génétiques, un tempérament qui l'oblige à toujours évaluer ce que ressent l'autre, un souci quasi permanent de ne pas heurter l'autre, de lui faire plaisir. La culpabilité d'« être » aux dépens de l'autre inhibe sa confiance en soi et donc son estime de soi.

Le besoin fondamental d'être aimé chez certains enfants et sa « demande » irrationnelle « Je ne peux exister qu'avec l'approbation des autres » peuvent aussi venir de ce besoin initial de « plaisir » que ressent l'enfant : « J'obtiens du confort, du bien-être, des câlins de mes parents, donc je dois avoir la "reconnaissance" de l'autre pour avoir du plaisir. *A contrario*, si je n'obtiens rien de l'environnement, j'en déduis que je ne suis pas bon. »

Quand les émotions négatives demeurent « irrationnelles » (« Le monde est dangereux ou doit être ce que je veux qu'il soit », « Les autres doivent m'aimer »), l'enfant peut aisément devenir « malheureux », non pas parce qu'il n'aime pas la vie mais parce que celle-ci ne répond pas à ses demandes. Ce « malheur » de l'enfant n'est pas une pathologie à part entière, mais la conclusion de son impuissance à gérer la réalité de façon plus adaptée ou « rationnelle ».

Le bonheur de l'enfant serait donc qu'il ne soit pas « émotionnellement malheureux », qu'il éprouve des émotions positives et négatives, mais que ces dernières ne soient pas disproportionnées, « irrationnelles ». Les enfants heureux vivent toutes sortes de sentiments contradictoires et pas toujours positifs, mais les émotions négatives inadéquates ne l'emportent ni en intensité, ni en fréquence.

➤ *Qui sont les enfants qui vont bien ?*

Un enfant « heureux » n'est pas « mature » avant l'heure, il apprécie son âge, ce qu'il vit. Il développe graduellement son estime de soi et lorsqu'il communique et partage, il apprend autrui. Il joue, il observe, il expérimente, il se construit et vit avec la réalité. Il exprime ses émotions et parle son « ressenti ».

Un enfant heureux devient, peu à peu, non seulement un enfant qui se « sent bien », mais un enfant qui « est » bien dans sa vie d'enfant. Comme nous l'avons vu précédemment, les enfants qui ne quêtent que de la satisfaction immédiate et sont en perpétuelle recherche de plaisir par le jeu, la relation, l'alimentation, ou toute autre activité, peuvent se fragiliser. Dès la naissance, le bébé ne cherche qu'à se sentir bien et il est normal que le plaisir l'emporte sur tout. Cependant, il devra apprendre progressivement les incontournables aléas de la réalité et, en quelque sorte, vivre des moments de « déplaisir ». Cette confrontation au « frustrant » l'arme peu à peu contre l'adversité et les contrariétés qu'il va rencontrer dans son quotidien et dans sa future vie. L'enfant devient ainsi un être humain à part entière.

➤ *Un enfant philosophe*

Je ne vais pas faire un cours de philosophie mais rappelons-nous, tout de même, la définition la plus communément admise du « philosophe » : l'ami de la sagesse. Et cette sagesse est ce souhait, pour l'être humain, d'équilibrer ses désirs avec la réalité. L'enfant ne saurait être « sage » en naissant, surtout avant qu'il n'accède à ce fameux « âge de raison ». Avant de pouvoir lui-même se penser et penser le réel, il ne peut qu'apprendre à gérer cette lutte incessante entre ses demandes de satisfaction immédiate et une réalité qui ne peut pas toujours y répondre. S'il ne peut naître « sage », il peut apprendre à l'être et l'éducation lui enseigne cette difficile gestion du « Ce que tu veux faire » et du « Ce que tu peux faire ».

Dès après la naissance, le bébé n'est que « demande » par pur instinct de survie et ce n'est pas lui qui peut réguler ses besoins. Le parent, et c'est le plus souvent la mère, dans les premiers mois, va décider pour lui de ce qui est bon ou mauvais. Progressivement, le tout-petit s'instruit de ce qu'il peut faire ou non et c'est là que l'éducation parentale doit être subtile : apprendre la réalité à l'enfant sans qu'il renonce à sa volonté d'y trouver sa place. Il n'est pas question d'enseigner la soumission à un réel inaccessible, tout comme il est illusoire de faire croire à l'enfant que tout est possible. Il est bon pour le tout-petit d'apprendre une véritable philosophie de vie : équilibrer son principe de plaisir avec le principe de réalité. Et s'il n'a pas les mots pour le comprendre, c'est en vivant ce partage entre soi et les autres, entre soi et la réalité, qu'il va, peu à peu, vivre cette philosophie. L'éducation rend philosophe !

Alors comment faire ? Je vais indiquer certaines pistes dans les chapitres suivants. Mais, pour l'instant, je veux partager avec vous ces comportements d'enfants « heureux ». Vous avez compris cette subtile déduction qu'un enfant heureux est avant tout un enfant qui n'est pas malheureux. Je vous propose cette deuxième affirmation… savante (!) : un enfant heureux se comporte de façon heureuse.

➤ *Comment sont les enfants qui vont bien ?*

Il est bien difficile d'évaluer si un enfant est heureux ou non avant qu'il puisse lui-même l'exprimer par des mots. Avant 2 ans, l'enfant ne peut manifester sa joie ou son mécontentement que par des expressions émotionnelles fortes (des cris de plaisir aux crises de pleurs). Dès qu'il « parle » avec les autres, il peut dire différemment les choses. Nous l'avons vu, un bébé (comme Luc) peut très bien traduire un « malheur de tout-petit » tant chaque seconde de sa vie semble lui poser problème. D'autres petits enfants, même avant 2 ans, ont de tels comportements d'opposition ou d'inhibition qu'il nous est facile de voir qu'ils ne sont pas heureux. Avec l'acquisition du langage, le parent peut entendre et mieux comprendre le vécu de son petit.

Pour nous, les « professionnels », il est facile de voir ce qui rend un enfant plus ou moins malheureux. Et quand nous observons, lorsque nous écoutons ou parlons aux enfants qui « vont bien » (qui ne vivent pas les excès décrits plus haut), nous sommes en mesure d'émettre quelques hypothèses sur ce qui pourrait bien définir ce que sont habituellement les enfants « heureux »…

• *Ils s'acceptent en tant qu'enfants,* ils ne quémandent pas les libertés des adultes. Ils sont à l'inverse des enfants toujours insatisfaits, qui n'ont de cesse de vouloir faire ce que les adultes font. Dès qu'ils ont les mots pour le dire, nous pouvons entendre ces réflexions qui signent leur acceptation d'être des tout-petits : « Ça, c'est pour les grands… », « Je ferai ça quand je serai à la grande école… », « Ah non, ça, c'est pas bon pour les petits enfants comme moi… », « Je vais me coucher parce que je suis petite… ».
• *Ils expriment leurs émotions, qu'elles soient négatives ou positives.* Même chez les tout-petits, dès qu'ils maîtrisent un certain nombre de mots, ils les utilisent à bon escient pour montrer ce qui va ou ne va pas. Au lieu de hurler leur mécontentement comme ils le faisaient avant, ils vont bien vite utiliser les mots qui conviennent : « Bébé pas content… Bébé colère… Bébé peur. » À l'inverse, ils trouveront l'adjectif adé-

quat pour montrer leurs émotions positives : « C'est bon ça !... Encore câlin !... Bébé aime bien... » Plus tard, avec une bien meilleure maîtrise du langage, ils partageront leur ressenti : les « Je suis pas content quand tu fais ça... », « Ça me rend triste... », « Là, je suis colère parce que... », « Ça fait peur quand.... » alterneront avec les « J'aime trop quand tu fais ça... », « Je suis heureux d'avoir cette maman... »

• *Ils ont confiance en eux,* ils ne craignent pas d'exprimer leurs besoins quand ils souhaitent quelque chose. Quand ils expérimentent la réalité, que ce soit par le jeu ou par les diverses activités qu'on leur propose. Ils peuvent connaître des échecs, ils acceptent les difficultés, ils ont appris à être tenaces. Ils agissent sur le monde et deviennent acteurs et, selon leur âge et la maturité de leur langage, ils vont nous dire : « C'est dur, mais je recommence ! », « Ça, moi aussi je peux le faire ! », « Avant j'y arrivais pas !... », « Je peux faire comme lui ? », « J'y arrive parce que... ».

• *Ils s'aiment bien,* ils parlent d'eux positivement : « Moi je sais faire ça ! », « Tu as vu ce que je fais ! », « J'ai de beaux cheveux... j'ai un beau sourire... », « Je sais courir vite... ».

• *Ils ont du plaisir,* que ce soit pour jouer, communiquer, expérimenter, s'alimenter, se reposer, ils sont joyeux de vivre : « J'aime bien ça ! », « Ça, c'était bon... », « Qu'est-ce que je suis content ! », « Super, on va faire... ».

Mais c'est bien sûr leur « non-verbal », tout ce qu'ils expérimentent en dehors des mots qui signent leur plaisir de vivre : leurs sourires et leurs rires l'emportent facilement sur les pleurs et les petites colères.

• *Ils deviennent progressivement autonomes* et savent évoluer par étapes. Ils ne cherchent pas à faire ce que « les grands » font. S'ils prennent certaines initiatives (surtout dans le jeu), ils ont l'art de se donner de petits défis à leur échelle : « Peut-être que je pourrais faire ça... », « Je préfère quand on joue à ça... », « Est-ce qu'on peut jouer à ça ? », « Là, je vais m'y prendre comme ça... ».

• *Ils ont des rêves,* ils ont aussi des projets d'avenir. Si l'enfant imagine, il peut aussi rêver... Sans vouloir le cloner ou en faire « le fils ou la fille de », l'enfant peut avoir très tôt un « objectif », surtout dès qu'il intègre la grande école : « Plus tard je voudrais être... », « Ce serait bien si... », « Tu crois que je pourrais faire ça ?... », « Quand on est grand on peut... ».

• *Ils mettent en valeur leurs qualités personnelles,* ils savent actualiser leur potentiel réel et découvrent leurs capacités. Ils imaginent, construisent. Les enfants qui créent ne se contentent pas du virtuel, ils savent très tôt apporter leur pierre à l'édifice de la réalité. Ils nous parlent de ce qu'ils savent faire : « Je te montre ce que j'ai fait... », « Tu as vu ce que j'ai fait ? », « Regardez, j'ai réussi à... », « Je sais comment je vais m'y prendre ! ».

• *Ils sont « affirmés » dans leurs relations avec les autres.* Ils tiennent compte des demandes d'autrui et n'hésitent pas à défendre leur intérêt, leurs souhaits : « C'est mieux si on joue à ça ! », « Tu veux bien me donner ça ? », « On peut aller là ? », « Je peux regarder ça ? ».

En conclusion, *ils sont pourvus d'un « moi », d'un « ego » solide* et pourtant cela ne saurait suffire ! L'être humain est social par essence et il ne peut pas être simplement bien sans l'acceptation des autres. Ce que j'appelle le « lien soi-autrui » est tout aussi développé que leur « ego » chez les enfants heureux.

Cette acceptation des autres peut se décliner en plusieurs façons d'être. Sans prétendre être exhaustif, un enfant altruiste serait :

• *Un enfant qui communique.* Il partage sa vie, a besoin des autres pour avoir des sensations communes. Le jeu est essentiel dans la socialisation de l'enfant. Il apprend non seulement à « faire avec » mais aussi à vivre ces feed-back que prônent les Anglo-Saxons : ces nécessaires réajustements que les enfants n'hésitent pas à faire quand l'un d'entre eux est trop centré sur lui-même. Communiquer avec les parents est tout aussi important : il peut évoquer son ressenti avec eux et apprend, en retour, l'autre et leur vie. Il comprend peu à peu comment réagissent les adultes, ce qui plaît ou déplaît. Il peut aussi échanger avec eux sur la réalité de la vie : parler de tel ou tel petit drame quotidien, entendre les solutions proposées, écouter ce qu'il est bon de faire ou de ne pas faire. Et, sans en faire un « enfant savant », il est bon de pouvoir échanger sur ce qui se passe dans le monde. Pas question qu'un tout-petit commente les actualités télévisées avec les adultes mais il existe des moments privilégiés où certains thèmes peuvent être abordés, selon l'âge bien évidemment. Mais attention au « copier/coller » d'une pensée adulte, l'essentiel est bien pour l'enfant de dire ses préoccupations d'enfant. Et souvenons-nous de la mise en garde de Rousseau, de sa crainte de voir les « enfants docteurs » devenir à l'âge adulte des « docteurs enfants ». Dire mais ne pas tout dire, entendre mais ne pas tout écouter, tout un art éducatif !

• *Il sait partager* dès le plus jeune âge. Ce sont les jeux en commun qui vont l'initier à la vie sociale. Exceller dans une activité, se faire avant tout plaisir, soit, mais en incluant de temps en temps, et une fois encore progressivement, les autres enfants. Je ne suis jamais enthousiasmé par un tout-petit qui n'accepte pas d'échanger ses jouets ou qui refuse, un peu plus âgé, de proposer à tel ou tel enfant de participer.

• *Il devient « social »*. Vivre avec les autres enfants est parfois difficile, les ajustements ne se font pas naturellement. Malgré les difficultés que posent les personnalités des autres enfants, il persistera à ne pas les exclure de son monde. Il apprend ainsi à accepter les différences, il « s'entend avec les autres » et plus tard, il les respectera.

Le petit se doit de grandir individuellement, dans sa singularité, et socialement. Contrairement à une croyance tenace, la socialisation ne se fait pas toute seule, elle s'apprend et doit toujours accompagner l'évolution personnelle de l'enfant. Je me rappelle cette jeune maman…

LA MÈRE — Pierre est très sûr de lui, à peine 2 ans et demi et vous devriez voir comment il organise son monde avec les enfants de mes amis…

LE THÉRAPEUTE — Il organise ?…

LA MÈRE — Il décide des jeux, ne se laisse jamais influencer, et il régente déjà tout son petit monde… Au moins, il ne se laissera pas avoir par les autres.

LE THÉRAPEUTE — L'enfer, c'est les autres ?…

Un enfant qui pense aux autres, qui est « prévenant », n'est pas forcément un futur aliéné, une proie potentielle, un quelconque demeuré craintif. Se mettre à la place de l'autre est, au contraire, le signe d'une bonne harmonie entre sa façon de voir les choses et le souhait de ne pas heurter l'autre. L'excès d'empathie, je le concède, génère de l'anxiété massive mais les petites culpabilités ou inquiétudes favorisent parfois la reconnaissance des besoins d'autrui. Il est bon de gratifier les enfants attentionnés, ceux qui proposent un petit dessin pour faire plaisir, ceux qui partagent un gâteau au goûter, vérifient si le petit copain ou la petite copine sont également contents d'être là. Et, cerise sur le gâteau, l'enfant prendra du plaisir à… faire plaisir !

L'enfant heureux s'aime et aime ses proches, il accepte les autres… mais cela n'empêche pas la réalité de contredire ses aspirations. Le « principe de réalité » est bien cet obstacle de l'environnement qui ne se plie pas à tous nos désirs. Tôt ou tard, même si l'on possède de solides atouts pour réussir dans nos projets, la réalité peut nous faire tomber dans l'impuissance et la frustration. Le principe de réalité nous rappelle constamment que tout ne peut pas être dominé, que ce soit matériellement (les catastrophes dites « naturelles »), socialement (le refus des autres même quand on s'y prend bien), affectivement (aimer et ne pas être aimé, perdre ceux que l'on aime). L'enfant heureux est aussi un enfant qui construit progressivement une grande « tolérance aux frustrations ».

• *Un enfant qui accepte les contraintes de la réalité,* va devenir tout d'abord un enfant qui *sait attendre.* Toujours pressé d'obtenir ce qu'il a envie d'avoir ou de faire, il va apprendre progressivement que tout n'est pas toujours possible et que la frustration première est bel et bien de savoir attendre. Le tout-petit a faim ou soif, il lui faudra accepter des heures de repas. Il veut à tout prix des câlins, du « relationnel », il devra faire avec la disponibilité des adultes. Il voudra jouer constamment, il se verra imposer des moments de repos. Peu à peu, il inscrit ce « Je ne peux pas faire tout ce que je veux quand je veux » comme une simple habitude de vie. Il passe de la « quérulence », de cette lassante demande d'immédiateté, à une simple demande, voire un « souhait ». Il inclut ce mode de conjugaison « conditionnel » que ne connaissent jamais les enfants de l'« impératif ».

Je me souviens de Paul, 5 ans, le fils d'un ami qui me semblait bien dans sa tête. Habitué des enfants à problème, je trouve toujours un vrai plaisir à parler avec ceux qui ne marchent pas sur la tête…

« Paul, que fais-tu quand tu as vraiment envie de jouer et qu'à l'école on te demande de faire des petites choses que tu n'aimes pas vraiment ? »

PAUL — J'attends la récréation !…

« Oui, mais quelquefois on veut jouer tout de suite et oublier la maîtresse ! »

PAUL — La maîtresse, c'est elle qui dit si on peut jouer… et puis la récréation, il y en a toujours une !

« Mais la maîtresse t'empêche de faire ce que tu veux !… »
PAUL — Quand je serai plus grand, je ferai plus de choses…

Paul n'accepte pas seulement de différer un plaisir, la récréation, il reconnaît l'ascendant d'un adulte sur lui : l'autorité de la maîtresse qui décide pour lui.

• *Un enfant heureux accepte l'autorité,* il ne sent pas l'égal de l'adulte, il l'admet parce que cela le sécurise. Pris par ses envies de satisfaction immédiate, il sait très bien qu'il est bon que le « plus grand » régule tout cela. Souvenons-nous de l'ineptie de ces tentatives d'horizontalité parentale où l'enfant ne sait plus qui pilote à bord de la famille. Ce débat sur la nécessaire verticalité, c'est-à-dire l'acceptation que le parent soit au-dessus, guide, dirige, décide, interdise, est encore d'une trop grande actualité. Il semble que, dans notre culture, toute autorité soit évaluée dangereuse. Si l'autoritarisme détruit et avilit l'enfant dans son individualité, l'autorité juste protège et construit l'enfant. Cette autorité en « amont » ne réagit pas émotionnellement par des menaces, des violences verbales ou physiques. Cette autorité n'annule pas les désirs de l'enfant, ne les « castre pas », elle protège le tout-petit, le régule, elle lui donne un « cadre de vie ». Un enfant qui accepte l'autorité n'est pas un enfant « soumis » qui n'a jamais son mot à dire, qui se moule dans le seul désir du parent. Non, il peut très bien demander, oser affirmer ce qu'il aime ou non, mais, s'il se heurte à un refus, certes il ne l'accepte pas toujours de gaieté de cœur mais il l'accepte. L'autorité adulte ne considère pas l'enfant comme « sa » chose ou comme un simple tube digestif, elle décide des choses pour lui, pour que l'enfant reste à sa place d'enfant.

• Qu'est-ce qu'*un enfant qui reste à sa place d'enfant* ? Ce n'est pas un enfant exclu de l'environnement familial qui, par exemple, mange à une autre table que celle de ses parents, c'est un enfant qui n'a pas investi tous les lieux de vie. Combien de fois ai-je observé cette emprise de l'enfant sur chaque pièce de l'habitat : il rentre quand il veut dans la chambre des parents, il laisse ses jouets dans le salon… Et s'il ne s'agissait que de la conquête d'un territoire ! Les enfants qui ne sont pas à leur place jouent un rôle qui n'est pas le leur dans différents contextes : ils peuvent imposer leurs dessins animés à l'heure d'écouter une émission pour adulte, ils peuvent tout aussi bien regarder le programme des parents. Ils participent à toutes les conversations, donnent leur avis sur tout, veulent connaître tout ce que les « plus grands » font.

Si mon petit Paul pouvait m'assister pendant la consultation de certains de ses congénères ! Il est heureux d'être enfant. Contrairement à ces enfants-rois qui veulent tout de la vie des adultes et qui plus tard, devenus adolescents-rois, me confient ne pas vouloir rentrer dans le monde adulte : « Puisque devenir adulte, c'est avoir et faire ce qu'on a et ce qu'on fait déjà avec le travail en plus !… »

➤ *L'enfant heureux ne sait pas tout !*

Et les parents de ces enfants pseudo-adultes appellent souvent la psychologie à leur secours, pour justifier toutes les réponses qu'ils donnent aux petits inquisiteurs. Beaucoup de parents s'inquiètent en effet et me demandent s'il est bon de « cacher des choses aux enfants »…

LES PARENTS — On nous a dit que des secrets de famille avaient un impact énorme sur le développement psychique de notre enfant…

LE THÉRAPEUTE — Ce qui vous oblige à…

LES PARENTS — À ne rien lui cacher et quelquefois on lui explique que tel adulte ne va pas bien parce que son couple prend l'eau et d'autres choses comme ça pour qu'il comprenne ce qui se passe…

LE THÉRAPEUTE — Il est sans doute utile de lutter contre les attitudes d'antan qui ne disaient rien du tout à l'enfant et le laissaient dans des questionnements perpétuels mais il faut savoir doser…

LES PARENTS — Vous voulez dire de ne pas tout dire ?

LE THÉRAPEUTE — C'est exact… Dire ce qui le concerne dans sa vie d'enfant mais ne pas être obligé de parler de nos histoires d'adultes quand elles n'ont aucun impact sur sa vie…

LES PARENTS — Parler des problèmes de son oncle…

LE THÉRAPEUTE — … ne le regarde pas sauf si votre enfant doit vivre plusieurs semaines en sa présence et qu'il est très dépressif… Et même dans ce cas, il est mieux de dire au tout-petit : « Tonton ne va pas très bien », pas besoin de lui donner un contenu adulte qu'il ne pourra pas comprendre.

Et n'oublions jamais que c'est l'envie du monde adulte qui stimule la maturité de l'enfant. Si certains « secrets » ne sont pas révélés, il peut en déduire que c'est « quand on est grand » que l'on sait ce qui se passe réellement chez les adultes. Et puis, rester dans un monde où l'on ne mélange pas l'enfance et la vie d'adulte c'est aussi, sans le maintenir dans un monde de « Bisounours », lui donner le temps de vivre les problèmes des plus âgés. Dire qu'un parent est au chômage et qu'il est soucieux est une information importante pour l'enfant, mais partager avec lui l'angoisse permanente des lendemains sans travail, ne peut pas aider un tout-petit qui n'a pas les outils pour « relativiser » et mieux anticiper l'avenir.

Oui, un enfant demeure dépendant du monde adulte puisqu'il ne décide pas de ce qu'il vit et de ce qu'il peut apprendre de la vie. Quand un environnement familial le laisse dans ce statut, il veut le protéger. Cela n'empêche aucunement de garder le projet de rendre son enfant plus indépendant au fur et à mesure qu'il grandit. Si les problèmes liés à l'indépendance seront surtout ceux liés à l'adolescence, il n'en reste pas moins qu'un enfant qui n'a jamais d'autonomie ne peut pas être heureux.

Un enfant heureux est un enfant parfois indépendant. Les enfants « quémandeurs », ceux qui refusent leur statut d'enfant et veulent gagner tout de go une grande indépendance, rassurent parfois les parents, ils semblent être « autonomes ». Méfions-nous de ces fausses autonomies qui consistent, en général, à vivre une indépendance liée au principe de plaisir : se servir seul d'un soda, allumer seul la télévision, téléphoner à un copain…

Mais, de même qu'une fausse indépendance est illusoire, il est tout aussi judicieux de prendre garde à notre souci de surprotéger nos enfants. Les tout-petits qui sont habitués à la surprotection des parents, ceux qui obtiennent avant même de désirer, n'auront pas non plus le sens de la réalité. Un trop grand confort rend l'enfant vulnérable aux futurs aléas de la vie. Et je rappelle souvent le mythe de la déesse Thétis qui s'efforçait chaque jour de rendre ses enfants immortels (plus forts) : en les plongeant dans l'eau du Styx… sauf qu'elle omit d'y mettre le talon de son fils Achille. Le cocooning parental va créer beaucoup de « talons d'Achille » chez l'enfant. Une des caractéristiques de la surprotection d'un enfant est de ne jamais le laisser prendre une initiative ou agir seul. Tout-petit, il sera fier d'avoir une bonne hygiène sans être forcément accompagné d'un adulte. Il pourra ensuite s'habiller seul et acquerra progressivement une autonomie sur toutes les petites habitudes humaines du lever au coucher. Quel dommage que les contextes actuels ne favorisent guère les déplacements de l'enfant pour qu'il aille seul à l'école : dans le passé, c'est là qu'il rencontrait non pas d'éventuels prédateurs mais tout un autre monde d'enfants. Il est bon d'insister pour qu'il participe à des activités de loisirs où, sans les parents, il se frottera aux autres et à la réalité sans secours immédiat. De même, il peut se débrouiller seul avant l'arrivée des parents pour l'organisation du goûter et participer à certaines tâches domestiques (nourrir les animaux de la maison, vider le lave-vaisselle…). Nous verrons au chapitre 5 que l'enseignement et la pratique de petites tâches quotidiennes participent grandement à l'habituer à l'effort et à stimuler chez l'enfant une plus grande tolérance aux frustrations. Ainsi, l'enfant heureux acquiert progressivement non pas un « goût pour l'effort », il n'est pas masochiste !, mais un « sens de l'effort ».

Un enfant qui a le sens de l'effort ne dramatise pas les situations qui peuvent lui provoquer un quelconque petit « déplaisir ». Il apprend très vite que certains jeux exigent beaucoup de répétitions avant l'acquisition d'un savoir-faire. Il ne trépigne pas s'il doit marcher plus longtemps qu'à l'accoutumée. Il ne rechigne pas à faire les exercices proposés dès les petites sections de classe maternelle. Il a compris que pour résoudre les problèmes, il doit « travailler » et il n'espère pas tout obtenir avec une baguette magique.

Et l'enfant peut tout aussi bien découvrir le « sens de l'effort » par des activités physiques. Culturellement, en France, la « relation » à l'enfant et sa construction psychique l'emportent sur tout ce qui a trait au développement de son corps. Et pourtant, l'enfant heureux ne néglige pas son corps et sait, au contraire, l'utiliser pour jouer, partager, se sentir en forme. Un enfant heureux a bel et bien ce fameux « corps sain dans un esprit sain » !

Un enfant heureux est un enfant qui bouge ! Combien de fois me suis-je heurté aux réticences des parents pour stimuler « physiquement » leurs tout-petits ! S'ils sont tous d'accord pour exiger une activité sportive dès l'entrée en CP, il semble qu'avant le corps de l'enfant ne soit perçu que pour jouer et n'ait pas un intérêt particulier. Si le sport suscite des états d'âme positifs[1] chez les adultes, il peut en procurer aussi chez les enfants. Il n'est pas question des activités qui ne correspondent pas à leur âge, les tout-petits peuvent très bien faire cer-

1. C. André, *Les États d'âme*, Paris, Odile Jacob, 2009, p. 245.

tains gestes de gymnastique : ils apprennent à découvrir leur physique mais savent aussi qu'il faut parfois se faire un peu mal pour maîtriser ce corps qui n'est pas toujours aussi souple qu'ils le croient. Travailler son corps, c'est aussi participer au « sens de l'effort ». Il n'est pas besoin d'entrer dans les considérations spartiates qui faisaient du corps le souci numéro un du développement de l'enfant puisqu'il allait devenir l'arme du futur guerrier. Encore une fois, tout est affaire de « dosage » : laisser un bébé statique pendant des heures alors qu'il peut exercer certains gestes n'est pas plus souhaitable que de le transformer en décathlonien précoce.

Un enfant heureux, vous l'avez compris, s'accepte, accepte les autres et la réalité en son entier. Est-ce une évolution naturelle ? Va-t-il de lui-même acquérir cette façon d'être dans la vie ? La réponse est malheureusement non. Les enfants qui « vont bien » ont un point commun : ils ont toujours le support d'un adulte, ils ont reçu une éducation. Un enfant heureux est un enfant éduqué. L'enfant accède par étapes à la lente maturation grâce à l'éducation des adultes. S'il est souhaitable que ces adultes soient ses parents, les plus proches affectivement, il ne faut pas craindre qu'en leur absence tout soit impossible. Ce sont d'abord les parents mais aussi tous ceux qui éduquent l'enfant qui sont les véritables « tuteurs de résilience[1] ». Par l'éducation, les parents ou tuteurs lui donnent un « savoir-vivre ».

Rendre notre enfant plus fort, plus « résilient » mérite tout un savoir-faire, et c'est bien le propos de ce livre. En revanche, avant de partager avec vous les hypothèses éducatives qui peuvent vous aider, vous parents, à mieux élever vos enfants, il est nécessaire de comprendre ce qui peut nous inhiber, bloquer notre volonté éducative.

---

1. B. Cyrulnik, *Les Vilains Petits Canards*, Paris, Odile Jacob, 2001.

CHAPITRE 2

Pouvons-nous rendre notre enfant plus heureux ?

Un tel enjeu peut orienter sur de fausses pistes, notamment nous faire croire que nous devons être « le » parent idéal. Tel n'est pas mon propos. Nous le verrons dans ce chapitre, la parentalité parfaite n'existe pas et n'est pas souhaitable. Les « voici comment je dois faire avec les enfants » ou « ce que j'aurais dû faire avec eux » créent de l'anxiété. Ces injonctions empêchent les remises en cause, les changements de cap, la flexibilité inhérente à l'éducation. L'obéissance à des règles éducatives « parfaites » et intangibles rigidifie la relation et peut générer un autoritarisme larvé.

Rendre son enfant plus heureux, c'est d'abord permettre que son identité, sa singularité s'épanouissent. C'est aussi connaître ce dont il a besoin, ce qu'il doit construire pour appréhender son époque. Et c'est comprendre ce qui nous bloque si souvent quand nous voulons éduquer, saisir le pourquoi de nos ambivalences, de nos craintes, de nos « ras-le-bol ».

On n'aime pas dire qu'être parent, c'est un métier. Bien sûr, nous ne pouvons réduire la parentalité à des « techniques », mais ne pas tenir compte de « ce qui marche », ne pas apprendre à éduquer nous laisse, le plus souvent, prisonniers de nos émotions. Or il existe un « stress parental » qu'il nous faut réguler, qu'il vienne du ressenti de notre propre enfance ou tout simplement du vécu actuel avec notre enfant.

Les besoins de l'enfant du XXIe siècle

Beaucoup de parents veulent rendre leur enfant « plus fort » pour s'assurer qu'il ne subira pas l'environnement dans lequel il vivra. Certains veulent un enfant capable de s'affirmer, de ne pas se laisser manœuvrer par les autres, un être humain qui fera partie des « décideurs » et non des « soumis ». L'éducation est alors envisagée comme un tremplin pour que l'enfant puisse jouir de sa vie sans être entravé par les autres et la réalité. Mais éduquer, ce n'est pas seulement bien sûr rendre notre enfant plus fort que les autres. La médiation des parents entre la réalité et l'enfant doit favoriser le sentiment de soi mais aussi celui de l'autre. Laisser nos enfants développer leur ego au détriment du social, ce que j'appelle le « lien soi-autrui », c'est lui faire croire que l'égocentrisme et le principe de plaisir sont les seuls aboutissants de la vie. L'enfant se veut avant tout « unique » et c'est bien normal. Éduquer, ce n'est pas nier sa singularité et lui apprendre que tout ce qui est « lui » n'est pas bien. L'élever, c'est lui montrer qu'il ne peut pas vivre heureux avec son seul « soi ». L'idéal est, une fois de plus, dans l'équilibre : être « soi » avec « tous » et « tout ».

Hormis ce nécessaire équilibre entre l'individu et le social qui reste le même au fil des époques, les « besoins » de l'enfant du XXIe siècle ont changé. Aujourd'hui, l'instabilité économique notamment demande des capacités particulières : une grande réactivité, une plus grande confiance en soi et une acceptation du changement. Rares seront nos enfants qui auront le même métier toute leur vie. Beaucoup devront faire des virages professionnels, entamer de nouvelles formations, changer de lieu, de milieu socioculturel. « Les temps changent » non pour épanouir la personne, mais pour répondre aux exigences de l'économie de marché. Alors, en attendant un nouveau mouvement de contestation comme celui de la fin des années 1960, il faut bien éduquer en fonction de ce réel-là, qu'on l'aime ou non.

Paradoxalement, si notre société veut nous faire consommer du plaisir à outrance, elle est de plus en plus « frustrante » : elle ne cesse d'exiger de chacun d'accepter des aléas et des défis de plus en plus fréquents. D'ailleurs, dans cette prégnance du « matériel » sur l'individu, je vois avant tout un principe de réalité qui nie, de nouveau, l'individu. Si le « principe de réalité » que décrivait Freud[1] anéantissait l'individu au profit de valeurs morales transcendantes ou non, la société de consommation actuelle tend, elle, à annuler les personnes au profit du marché.

J'ai souvent évoqué les enfants-rois qui souffrent d'intolérance aux frustrations, qui ne peuvent pas accepter les interdits, les contraintes. Leur refus ne signe pas une saine rébellion contre la société que je viens de décrire, mais une incapacité à être plus fort que leur besoin de satisfaction immédiate. Et c'est là le danger : nous pouvons, par maladresse, rendre nos enfants « intolérants aux frustrations » par permissivité ou excès de protection. À une époque où, justement, ils doivent être « plus forts » pour mieux appréhender une réalité qui fait de moins en moins de cadeaux, nous avons notre rôle à jouer : leur apprendre la « résilience ». Il n'est pas question de rendre notre enfant « plus fort » que les autres dans un esprit de conquête ou de domination. Il s'agit de lui permettre d'être « fort » devant la réalité tout entière, que cette réalité lui fasse vivre des adversités ou qu'elle soit tout simplement le « faire avec » les autres.

---

1. S. Freud, *Malaise dans la civilisation*, Paris, PUF, 1976.

Nos pensées inhibent parfois notre volonté éducative. Nous avons tous des croyances sur l'éducation et il est souhaitable de les évaluer, de jauger nos attentes et de ne pas tenter de répondre à d'apparentes certitudes ou à notre propre vécu, aux carences de notre enfance. Nos pensées, qu'elles soient apprises dans notre histoire personnelle, culturelles ou déduites de certitudes en psychologie de l'enfant, peuvent stimuler beaucoup de réactions émotionnelles et donc comportementales. Il est souhaitable, dans un premier temps, de les reconnaître pour bien évaluer si elles facilitent ou inhibent notre rôle de parent.

Les croyances qui empêchent d'éduquer

LES PARENTS — Mais mon enfant n'est pas malheureux… Il est toujours partant pour plein de choses… Il adore jouer !

LE THÉRAPEUTE — Oui, mais vous m'avez dit qu'il est souvent boudeur, qu'il pleure dès qu'il est contrarié…

LES PARENTS — C'est sûr, il n'aime pas les contrariétés…

Permettre à son enfant de s'amuser, d'avoir du plaisir ne suffit pas à en faire un « enfant heureux ». L'enfant heureux est celui qui connaît aussi le déplaisir et ne le dramatise pas, un enfant qui n'oblige pas le monde adulte à sans cesse lui procurer de la satisfaction. Les parents « animateurs de club » ont souvent tendance à croire que *l'enfant doit jouir de la vie*. S'il n'est pas question qu'il vive ou supporte les difficultés de la vie adulte, l'enfant heureux doit expérimenter lui aussi, et bien sûr progressivement selon son âge, les désagréments de cette règle incontournable : « L'humain ne peut pas faire tout le temps ce qu'il veut faire ! » Lui laisser croire le contraire, c'est le renforcer dans la croyance que *la vie ne doit être que plaisir*. À nous, parents, de confronter cette première croyance pour la changer en philosophie de vie : *la vie est !* et s'il vaut mieux tout faire pour la rendre plaisante, il est tout aussi bon d'accepter la réalité et ce qu'elle véhicule de frustrations. L'éducation, nous le verrons dans les chapitres suivants, c'est aussi l'apprentissage de l'hédonisme à moyen et long terme au détriment de l'hédonisme à court terme qui, s'il « satisfait immédiatement », ne tient que rarement compte du « principe de réalité ». L'enfant est généralement « programmé pour » un hédonisme à court terme. Notre rôle de parents est de lui enseigner une autre façon de vivre.

Bien des croyances freinent notre volonté éducative. En voici quelques-unes.

➤ *L'enfant est naturellement bon.*

Le respect d'autrui et l'acceptation du réel viendront progressivement et naturellement avec l'âge

Nous pouvons avoir été influencés par nos lectures, nos croyances religieuses ou une certaine culture « psy ». Souvenons-nous du « Laissez venir à moi les petits enfants ! » du Christ, du mythe du « bon sauvage » chez Montaigne, et de cet enfant « naturellement bon » qu'aurait défendu J.-J. Rousseau. Ce dernier a pourtant dit le contraire dans son *Émile*, l'enfant non éduqué peut devenir le pire des tyrans… Mais pour beaucoup de parents, cette croyance perdure et a été largement renforcée par les spécialistes de la petite enfance qui n'ont cessé de nous dire que l'éducation peut pervertir, « castrer » ou annuler l'enfant. Ainsi, avec beaucoup d'amour et de respect, l'enfant va naturellement se développer en harmonie avec les autres et la nature.

C'est un contresens et je l'entends encore souvent chez ceux qui défendent le « moins d'adulte possible » pour éduquer.

Une intervention parentale minimale suffirait à faire éclore ce que l'enfant porte déjà en lui de bonté, d'empathie, de maturité Bien au contraire et Rousseau l'a parfaitement compris et dit (*Émile* a pour sous-titre *De l'éducation*[1]), c'est l'intervention adulte, l'éducation des tuteurs ou des parents qui donnera à l'enfant son âme humaine et sociale. Pas de futur « contrat social » sans éducation en amont. À l'inverse, laisser l'enfant décider seul de tout, laisser l'enfant voir le réel comme il veut qu'il soit, voilà qui le conduira irrémédiablement à la tyrannie.

➤ *L'enfant peut avoir beaucoup de mal avec les contraintes de la réalité,*
surtout s'il est anxieux ou dépressif ou s'il a un « problème personnel »

Les difficultés d'adaptation d'un enfant, ses problèmes pour accepter certaines règles ou certains interdits parentaux auraient toujours la même explication. Un « sens caché » se nicherait derrière ses refus d'obéissance ou ses dysfonctionnements. L'enfant chercherait à nous dire quelque chose, il voudrait exprimer un malaise, symboliquement ou non. De nombreux parents sont imprégnés par les affirmations de la psychologie, de la psychanalyse pour être plus précis ! Combien de fois ai-je commencé par relativiser le débat ! Oui, l'enfant peut effectivement « dire » avec son corps et ses comportements un « ressenti » qui ne trouve pas les mots. Non, chaque signe extérieur ne traduit pas forcément un malaise profond ou quelque « refoulement ».

Il est vrai qu'à une certaine époque (jusqu'aux années 1960) l'enfant n'était pas écouté et s'exprimait parfois par des maladies « psychosomatiques » ou par des débordements ou des

1. J.-J. Rousseau, *Émile ou De l'éducation*, Paris, Garnier-Flammarion, 1966.

dysfonctionnements comportementaux (agressivité démesurée, rébellion ou inhibition permanente). À ce titre, malgré ma réputation d'anti-Dolto, je saurai toujours gré à la psychanalyste d'avoir dessillé ceux des regards parentaux qui ne voyaient dans l'enfant qu'un simple « tube digestif ».

Mais les temps ont changé, la parole de l'enfant est globalement écoutée et s'il ne faut pas négliger certains appels qui peuvent avoir un « sens », il nous faut retrouver un « bon sens » éducatif. Je conseille toujours aux parents de bien appréhender la réalité de l'enfant, de rester dans le « réel » de ses faits et gestes avant d'avoir une hypothèse « psy ». Et c'est surtout vrai quand l'enfant a beaucoup de mal à accepter les contraintes de la réalité. Il est rare de trouver un sens profond quand un tout-petit refuse certains aliments, déjoue les règles du coucher, inonde sans cesse ses parents de demandes d'activités et de plaisir. La plupart du temps, quand un comportement « fait sens », il s'agit d'attitudes de retrait, de tristesse, d'absence de communication, de refus de s'alimenter et de troubles du sommeil. Ce sont des signes de souffrance chez l'enfant. Mais quand un enfant ne cesse de pleurer parce qu'il ne peut pas manger tout de suite, regarder tel dessin animé ou jouer à tel jeu, cela signe rarement un trouble « inconscient », plutôt, tout simplement, une intolérance aux frustrations.

Mais enseigner à nos enfants la « tolérance aux frustrations » nous est impossible tant que nous poursuivons certaines croyances.

➤ *L'enfant risque de vivre un traumatisme qui le handicapera à vie…*
le déterminisme « psy »

C'est la fameuse réponse de Freud à Marie Bonaparte sur une question d'éducation : « Parents, quoi que vous fassiez, vous le ferez mal… » Si l'on entend par là que l'enfant, quelle que soit l'intervention parentale, va lui-même filtrer, interpréter les événements et engendrer ainsi toutes sortes de pensées et d'émotions appropriées ou non, oui. Mais, je ne peux que m'inscrire en faux si cela doit signifier que toute attitude éducative est perdue d'avance, que l'inconscient de l'enfant défait continuellement toute la réalité que veut enseigner l'adulte. Nous ne maîtriserions rien de la réalité de l'enfant ? Non, je pense fermement que l'éducation est la preuve que nous pouvons influer sur les apprentissages de nos enfants, qu'ils soient émotionnels ou non. S'il est vrai qu'ils peuvent souffrir de leur propre vécu imaginaire ou « symbolique », qu'ils peuvent subir des abus de toutes sortes dans la réalité, la médiation adulte peut tempérer, reconstruire, redéfinir ce vécu et aider l'enfant à repenser les événements aussi dramatiques qu'ils aient pu l'être. Les tuteurs de résilience de Boris Cyrulnik[1] en sont l'expression vivante et pourraient infirmer Freud par un : « Parents, ce que vous ferez avec l'enfant, c'est l'empêcher d'être prisonnier de ses fantasmes, en lui apprenant la réalité. »

➤ *Une éducation qui s'appuie sur des règles, des habitudes est mal vécue,*

souvent qualifiée de « rigide »... Les parents sont réticents à demander aux tout-petits d'aider à la maison

LES PARENTS — Nous ne comprenons pas votre histoire de « frustration » pour un très jeune enfant, on ne va tout de même pas demander à un enfant d'un an de mettre la table !..

LE THÉRAPEUTE — S'il sait marcher, s'il est assez adroit de ses mains, il peut toujours apporter une assiette ou un objet non dangereux pour mettre le couvert...

1. B. Cyrulnik, *Les Vilains Petits Canards*, *op. cit.*

LES PARENTS — Oui, mais à part ça, nous ne voyons pas très bien ce qu'on peut demander à un tout-petit !

LE THÉRAPEUTE — Nous n'y pensons pas souvent, pourtant même un tout-petit peut ranger ses jouets, peut aller chercher un vêtement, toutes sortes de petites choses qui lui montrent qu'il peut aider, participer à la vie familiale…

Mais demander à l'enfant de « faire » peut s'avérer difficile, voire « conflictuel » au tout début. Non que cela déclenche un conflit empreint de violence, mais un déséquilibre qui ne plaît pas toujours à l'enfant. Lui demander un « service », c'est l'interrompre dans son monde de plaisir immédiat et cet apprentissage-là se fait rarement sans heurts, sans répétitions, sans une certaine insistance parentale… L'apprentissage du principe de réalité ne peut pas se faire dans une harmonie parfaite et pourtant beaucoup de parents vivent encore dans un monde virtuel et pensent que…

➤ *La vie avec un enfant ne doit pas être conflictuelle,*
mais harmonieuse. Le bien-être matériel et affectif qui entoure l'enfant ne peut que lui apporter du bonheur

Bien sûr qu'un enfant s'épanouit dans la chaleur affective que lui donnent ses parents et qu'il est préférable que celle-ci soit la plus constante possible. Mais quand il s'agit de faire à l'enfant des demandes susceptibles d'interrompre son plaisir, nous ne pouvons pas être toujours dans le « gentil », dans le « virtuel ». Sans devenir un parent verbalement violent, un abuseur, il est souvent nécessaire de hausser le ton, d'insister pour obtenir et même de sanctionner si la désobéissance est coutumière. Bref, l'harmonie voulue fait souvent place à de petits conflits quotidiens pas toujours agréables mais inhérents à tout apprentissage. Et, contrairement à ce que l'on croit, l'absence de « conflits », tels que décrits plus haut, n'est pas un gage de bonheur pour l'enfant. C'est l'illustration qu'il vit dans « son » monde, sans exigences, sans réalité. Quand des parents m'affirment que tout se passe bien à la maison, « Qu'il est parfait » Je les questionne : « Que lui demandez-vous ? » La réponse est généralement rapide... : « À cet âge-là, lui demander quoi ? »

L'éducation n'est pas un métier... Mais est-il réellement suffisant d'aimer son enfant et de lui proposer un maximum d'attention et d'activités pour le préparer à la réalité ?

➤ *L'autonomie doit être le but premier de toute éducation.*

Les comportements d'opposition systématique sont normaux chez l'enfant. Contester l'autorité, c'est affirmer son individualité. Un enfant rebelle s'arme pour l'avenir...

Tous les parents souhaitent donner des outils à leur enfant pour qu'il puisse vivre heureux plus tard sans eux. Mais est-ce à dire que l'autonomie est le but premier et immédiat de la vie de l'enfant ? Non, c'est un objectif, l'autonomie sera réelle quand l'enfant sera assez mature pour vivre sans la constellation familiale...

Avant cette fameuse autonomie que l'enfant va acquérir progressivement, c'est le parent qui fait « autorité » sur lui. Le parent comprend, instruit, aime et protège mais c'est aussi lui qui décide, exige, interdit et parfois sanctionne. Et nous avons parfois beaucoup de mal à jouer cette dernière partition de la parentalité : faire preuve d'autorité quand notre enfant, justement, veut vivre immédiatement une autonomie et donc une « liberté » qu'il n'a pas encore. Pour d'autres parents, certainement attachés à certaines valeurs des « années 1968 », l'autorité est vilipendée. Combien de grands-parents de cette génération-là vont à contre-courant de l'autorité de leurs enfants sur leurs petits-enfants. Pour eux, l'autorité n'est que soumission, obéir n'est qu'un signe d'avilissement ou de destruction de l'individualité et cette croyance « culturelle » empêche bon nombre d'adultes d'asseoir une présence, une « verticalité, » sur leur enfant. L'autorité juste, l'autorité « en amont » que nous définirons à la fin de ce chapitre n'est pas l'autoritarisme d'antan. La verticalité adulte est nécessaire parce qu'elle signifie que le savoir-vivre est du côté des parents et qu'ils sont là pour aider à épanouir la singularité de leur enfant et à lui transmettre ce qu'ils savent de la vie…

TEST 2

Quelles sont vos croyances ?

Ce petit test ci-dessous peut vous aider à bien distinguer ce qui peut être de l'ordre d'une croyance (quelque chose que l'on m'a appris mais qui n'est pas forcément « vrai ») d'une pensée plus réaliste ou rationnelle (ce que je pense quand je garde mon « bon sens »).

Votre enfant fait… (du tout-petit à 6 ans)	Vous croyez…	Ou vous pensez…
1. Il ne cesse de pleurer au moment du coucher.	Il est en manque d'affection.	Pas de fièvre, il a été comblé, il nous fait un caprice…
2. Il ne prête pas ses jouets aux autres enfants.	Il est affirmé.	Il n'a pas appris à partager.
3. Il ne dit pas « bonjour » spontanément.	Il choisit ceux qui méritent son attention.	Il ne sait pas être poli.
4. Il veut toujours être avec les grands.	Il est plus mature que son âge.	Il refuse son statut d'enfant.
5. Il refuse certains aliments.	Il signe une différence par son goût.	Il est bon de goûter tous les aliments.

Votre enfant fait... (du tout-petit à 6 ans)	Vous croyez...	Ou vous pensez...
6. Il veut utiliser un objet réservé aux adultes.	Il veut faire comme les grands.	Il est curieux, mais tente de s'approprier ce qui ne lui appartient pas.
7. Il n'aime pas jouer avec les autres enfants.	Il est solitaire.	Il a du mal à « socialiser ».
8. Il ne cesse de dire « non ».	Il a de la personnalité.	Il refuse l'autorité.
9. Il veut toujours câliner avec le parent du sexe opposé.	Il fait son « œdipe » !	Tous les enfants le font, rien de « complexe » là-dedans.
10. Il pose des questions très « savantes ».	Il veut s'instruire.	Devient-il un « enfant-savant » ? (Un enfant qui veut le même savoir que les adultes).
11. Il veut participer à toutes les activités adultes.	Il est curieux de tout !	Il n'accepte pas les restrictions de son âge.
12. Il est parfois grossier.	Il est au stade anal !	Il n'a pas appris les règles de politesse.
13. Il agresse certains adultes.	Il saura se défendre, c'est un esprit « rebelle » !	Il ne respecte pas les adultes.
14. Il est réticent à faire ce que des adultes lui demandent.	Il apprend à refuser l'autorité.	Il est rétif à tout ce qu'il ne décide pas.
15. Il n'aime pas faire certaines activités.	Il affirme sa personnalité.	Il n'accepte pas certaines « frustrations ».
16. Il veut toujours jouer.	Il est avant tout un enfant !	Il veut rester dans le « principe de plaisir ».
17. Il supporte mal l'ennui.	Il aime la vie !	Il veut constamment de la satisfaction.

Votre enfant fait... (du tout-petit à 6 ans)	**Vous croyez...**	**Ou vous pensez...**
18. Il refuse les « règles » (hygiène, heures des repas, etc.).	Il prouve qu'il ne sera pas un « clone » !	Il veut vivre dans un monde où il régit tout.
19. Il veut souvent s'habiller comme ses parents.	Il veut s'identifier à l'adulte.	Il refuse son statut d'enfant.
20. Il a des problèmes depuis tel ou tel événement.	Il est victime de la réalité.	Est-ce vraiment l'origine des problèmes ?

Si les réflexions de la colonne « Vous croyez... » l'emportent sur celles de la colonne « Vous pensez... », vous pouvez, malgré vous, être victimes de quelques idées reçues en psychologie de l'enfant. Si, en revanche, la colonne « Ou vous pensez... » traduit bien vos analyses, vous avez *fait un grand pas* dans l'éducation de votre enfant, vous pensez de façon plus rationnelle !
D'après ce petit test, certains d'entre vous ne sont apparemment pas très « rationnels » mais il n'y a rien d'alarmant. Nous avons tous eu plus ou moins des croyances. Qu'il est temps de remettre en question !

De nouvelles hypothèses en psychologie de l'enfant...

➤ *La « résilience »*

Lire Boris Cyrulnik[1] nous aide à mieux comprendre à quel point un enfant peut être moins fragile qu'on ne le croit. Il n'est pas question de croire qu'il peut tout subir, mais l'enfant, s'il rencontre les bonnes personnes au bon moment, peut dépasser des traumatismes profonds. Il n'existe aucune fatalité qui fait que l'enfant reste fixé aux drames de sa vie. Bien au contraire, au fur et à mesure de son évolution, de ses rencontres,

1. B. Cyrulnik, *Le Murmure des fantômes*, Paris, Odile Jacob, 2003.

de ses intérêts, ses expériences lui permettent de chasser certains démons, de reconstruire ce qui est brisé et surtout de « repenser » la réalité. Les abus, les traumatismes des enfants sont irréversibles lorsqu'ils ne sont pas parlés, lorsque personne n'aide l'enfant à revoir et à dépasser ce vécu. Une fois de plus, nous comprenons que la « médiation » des adultes, *via* l'éducation, peut combler certaines carences vécues par nos enfants.

Les nombreux témoignages recueillis dans les ouvrages de Boris Cyrulnik signent la force que certains enfants ont su retirer de leurs souffrances. Et si ces parcours chaotiques avaient construit cette force ? Cela voudrait-il dire que les « frustrations » de la vie n'affaiblissent pas mais qu'elles rendent plus fort ? Souvenons-nous de Nietzsche : « Tout ce qui ne tue pas l'homme le rend plus fort… » Est-ce vrai pour les enfants et aussi pour les tout-petits ? Lui donner un bien-être matériel et affectif reste indispensable mais ne lui donner que cela risque de l'affaiblir dès qu'il sera seul devant les aléas de la réalité. L'enfant trop préservé, « hors réalité », se fragilise ou devient, *a contrario*, faussement tout-puissant. À l'inverse, instiller des frustrations au quotidien, des apprentissages, des sollicitations non pas douloureuses mais pas forcément plaisantes, n'est-il pas facteur de santé psychique ?

➤ *Ce qui rend nos enfants vulnérables et malheureux : « l'intolérance aux frustrations »*

Beaucoup de « professionnels de la santé », surtout nous les « psys », voient que les pathologies « actuelles » n'ont rien à voir avec celles du passé : les enfants qui souffrent de problèmes de « refoulement », qui sont inhibés par le manque d'écoute, de reconnaissance et de respect, ou les enfants qui subissent un manque d'amour ne sont plus majoritaires. En revanche, nous observons de plus en plus de problématiques liées à une pathologie du « défoulement » : beaucoup d'enfants, en bas âge ou non, sont amenés en consultation parce qu'ils refusent de s'accommoder au réel (au quotidien, aux routines de vie, à l'école dès qu'ils sont plus âgés). La plupart sont ce que nous appelons des « enfants-rois » : ils n'ont pas souffert de carences affectives, ont toujours pu faire tout ce qu'ils voulaient, mais ils ont usurpé en partie le pouvoir parental et développent des colères, une agressivité pathologique dès qu'on tente de supprimer leurs privilèges.

Les carences éducatives précoces participent de ce que j'ai appelé les « stades de développement de l'omnipotence infantile[1] ». Plus l'enfant désapprend la réalité par manque de frustration et d'autorité adulte, plus il pense la maîtriser et plus il devient tyrannique envers ceux qui voudraient le faire descendre de son piédestal.

Ces enfants ont le parler haut, ils savent affirmer leurs besoins et ne se laissent pas dominer par les autres, nous pourrions croire à une réelle force. En réalité, il existe un lien entre la « vulnérabilité » de l'enfant devant le réel et leur « intolérance aux frustrations ». Devant les adversités, l'enfant-roi est « nu », il ne peut que fuir, se replier, s'effondrer émotionnellement et agresser par défaut d'harmonie et d'accommodation à la réalité. Cette vulnérabilité est une grande souffrance et peut exacerber des sentiments dépressifs qui signent une impuissance à faire face à la réalité et non un rejet de la vie. *A contrario*, l'apprentissage de la frustration est une arme pour appréhender le réel.

1. D. Pleux, *De l'enfant-roi à l'enfant-tyran*, Paris, Odile Jacob, 2002.

➤ *La « frustration » construit l'enfant*

« Frustration »... Il m'est souvent reproché d'utiliser ce mot barbare ; de fait, la « frustration » est souvent définie comme le manque de ce qu'on aurait dû avoir. Notamment par la psychanalyse qui l'emploie pour souligner l'importance de la non-satisfaction sexuelle. Même *Le Petit Robert* lui donne cette connotation négative et sexuelle : « État d'une personne frustrée ou qui se refuse la satisfaction d'une demande pulsionnelle. » Quand il ne dit pas tout court que la frustration est quelque chose de négatif : « Frustrations éducatives (sevrage, dressage à la propreté)[1]. » Dans les deux cas, la frustration est soit un interdit personnel de jouir, soit un interdit autoritariste. Une fois de plus, l'éducation « frustrante » est qualifiée de « dressage ». Alors, que faire ? Employer un autre mot ? Parler de « manque » ?

Je reste fidèle à ce mot comme les Anglo-Saxons qui parlent, en psychologie, de « seuil de tolérance aux frustrations » ou du fameux LFTisme ou « *low frustration tolerance* ». Si ce seuil est trop bas, comment l'être humain peut-il réagir aux aléas de la réalité quand il ne peut satisfaire immédiatement tous ses besoins ou désirs ? En ce sens, la « frustration » n'est plus « se faire mal » ou « priver l'autre » mais l'acceptation du principe de réalité : l'humain ne peut pas faire tout ce qu'il veut quand il veut, il vivra donc des frustrations. L'idéal de vie ne sera pas d'apprendre seulement la frustration aux enfants mais d'équilibrer leur juste souci de plaisir avec la réalité et ses adversités.

Habituer un enfant à ne pas avoir tout ce qu'il désire, l'empêcher de développer un égocentrisme qui versera dans l'omnipotence, lui apprendre le long chemin de l'hédonisme à

1. *Le Petit Robert*, 1991, p. 834.

moyen et long terme, se révèlent indispensables à sa solidité psychique. Les enfants « résilients » sont le plus souvent ceux-là mêmes qui ont le plus souffert de la réalité, pas l'inverse. L'éducation résiliente n'est pas une éducation spartiate qui élimine toute tentative individuelle de quête de plaisir. Elle inclut simplement une dose de « déplaisir », d'effort, d'attente, d'ennui pour habituer l'enfant à cet incontournable constat : un monde où l'on vivrait seul selon son principe de plaisir, une vie où tout serait possible tout le temps, ça n'existe pas.

➤ *L'éducation des parents participe au bien-être psychique de l'enfant*

Les parents sont les acteurs de cet apprentissage de la frustration comme ils le sont pour que l'enfant ait le plus de joie de vivre possible. Leur éducation au principe de réalité va permettre à l'enfant d'équilibrer sa juste quête du plaisir avec ce qu'eux savent de la vie : tout n'est pas possible et vivre, c'est aussi « manquer », être déçu, être contraint, être limité dans ses libertés, être parfois insatisfait, craindre, avoir peur, être triste.

La présence parentale favorise ce lent apprentissage de la vie en harmonie avec la maturation de l'enfant. La « médiation » parentale, cette façon d'être entre l'enfant, ses désirs et la réalité, est la pierre angulaire de la santé psychique. L'éducation a été accusée de mille maux car elle a été assimilée à l'autoritarisme parental des siècles derniers qui a engendré toutes sortes d'inhibitions, de « castrations » ou de névroses infantiles. Nous avions raison, il y a cinquante ans, de craindre la disparition de nos ego au détriment d'un faux-self[1] voulu par les sociétés aux principes de réalité castrants. Mais l'hypertrophie

1. D. Winnicott, *Jeu et réalité*, Paris, Gallimard, 1971.

actuelle des ego engendre elle aussi des « faux soi » puisqu'elle fait croire que l'on peut être sans les autres et sans la réalité.

Aujourd'hui, l'éducation revient en force, mais il ne s'agit pas de revenir en arrière par un effet de bascule. Une chose est sûre, l'enfant du XXIe siècle n'a jamais eu autant besoin de parents : les mirages de la société de consommation et de l'hédonisme à court terme exigent une régulation par des éducateurs lucides. Plus de « tuteurs » dans un monde qui fait croire à l'entière liberté individuelle. Et si, à l'adolescence, l'enfant est toujours aussi vulnérable, il faudra encore plus de parents à une période où beaucoup d'experts s'accordent pour dire qu'il en faut moins !

Vous l'avez compris : « Qui aime bien frustre bien ! » Et c'est bien cette absence d'éducation parentale frustrante qui favorise la permissivité. En soi, « permettre » à l'enfant d'expérimenter, d'entreprendre, de penser à sa façon, de construire son originalité, est une chose bonne et nécessaire. Mais « permissive » est l'éducation qui n'inclut jamais de déplaisir, de contrainte, qui ne fixe pas de limites, d'interdits. Qui ne favorise pas non plus les habitudes, laisse l'enfant vivre selon ses désirs, stimule le refus de toute autorité. C'est une éducation sans… frustrations !

Une fois de plus, je vous propose un petit questionnaire qui ne saurait vous cataloguer « parent permissif ou non » mais qui vous aidera à y voir plus clair.

TEST 3

Êtes-vous permissif ?

On peut être permissif dès le plus jeune âge de son enfant. Ce petit test vous permettra aussi de rectifier le tir si vous sentez que votre enfant commence à souffrir d'une certaine « intolérance aux frustrations ». En travaillant concrètement sur certains exemples donnés.
Encerclez le chiffre correspondant à la fréquence de vos comportements : 1 = jamais ; 2 = rarement ; 3 = souvent ; 4 = la plupart du temps.

1. Demandez-vous des petites aides « ménagères » quotidiennes à votre enfant ?	1 2 3 4
2. S'il refuse ce qu'on lui demande, y a-t-il des conséquences ?	1 2 3 4
3. Établissez-vous une heure de « coucher » (selon l'âge) ?	1 2 3 4
4. Les heures de repas sont-elles régulières ?	1 2 3 4
5. Le « lever » est-il à heure régulière ?	1 2 3 4
6. Votre enfant doit-il goûter à tous les aliments ?	1 2 3 4
7. Certains loisirs sont-ils envisagés comme récompenses ?	1 2 3 4
8. Répondez-vous positivement à des demandes d'achats spontanés (ex : dans une « grande surface ») ?	1 2 3 4
9. Gérez-vous avec l'enfant les sommes d'argent acquises (ex : argent donné par la famille au moment des fêtes) ?	1 2 3 4
10. Est-ce vous qui décidez de lire ou non la comptine du soir ?	1 2 3 4
11. Obligez-vous votre enfant à faire une sieste ?	1 2 3 4
12. Lui demandez-vous de quitter les adultes quand c'est l'heure du coucher ?	1 2 3 4
13. Veillez-vous à ce qu'il ne participe pas aux conversations adultes ?	1 2 3 4
14. Vérifiez-vous ce qu'il regarde à la télévision ?	1 2 3 4
15. Intervenez-vous s'il ne respecte pas ses jouets ?	1 2 3 4

16. Exigez-vous qu'il se comporte bien avec les enfants de son âge ?	1 2 3 (4)
17. Demandez-vous une hygiène corporelle quotidienne ?	1 2 (3) 4
18. Communiquez-vous avec les adultes qui peuvent vous remplacer ?	1 2 3 (4)
19. Lui interdisez-vous d'entrer spontanément dans la chambre des parents ?	1 2 3 (4)
20. Vous sentez-vous « détendu » dans votre vie quotidienne avec lui ?	1 (2) 3 4

Si le total de vos points est inférieur à 40, il existe sans doute un lien entre une certaine permissivité et une tendance à l'intolérance à la frustration chez votre enfant.

Parents parfaits… parents perfectibles ?

Nous pouvons, malgré nous, nous mettre une forte pression quand nous répondons, consciemment ou non, à certaines « injonctions » sur ce que nous devrions faire ou ne pas faire en tant que parents.

➤ *Ce qu'un parent « devrait » faire…*

Une fois de plus, notre passé peut nous jouer des tours. Dans nos scénarios « enfance », nous pouvons très bien avoir construit un « parent parfait ». En effet, il n'est pas rare de vouloir répondre à un mode d'emploi parental fondé sur ce que l'on aurait voulu qu'on nous fasse ou tout simplement pour devenir le parent « idéal ».

Tel père se veut grand communicateur pour ne pas reproduire le mutisme de son propre père. Telle mère voudra stimuler toutes sortes d'activités physiques avec ses enfants pour oublier l'apathie de ses propres parents. Tel parent ne cessera de proposer de la « culture » pour combler l'inculture de sa famille. Tous les scénarios sont possibles. Ces demandes, ces exigences, issues de ce que nous ressentons comme des carences dans notre propre éducation, deviennent à un moment ou à un autre très « irrationnelles ». Nous allons, en effet, sans forcément nous en rendre compte, dresser le profil type du « bon père » et de la « bonne mère... » Des profils irrationnels... parce qu'ils ne tiennent pas compte de la réalité.

➤ *L'histoire des parents...*

S'il est souhaitable de ne pas faire revivre à nos enfants tout ce qui nous a manqué ou fait souffrir enfant, n'est-il pas risqué de chercher à en faire « le » fil conducteur de notre parentalité ? Un parent qui a connu peu d'élans affectifs dans son enfance sera tenté de toujours exprimer ses affects avec ses enfants, de constamment vouloir câliner et répondre à toutes les demandes « affectives ». Donner un maximum d'amour à son enfant est certes souhaitable, mais le faire toujours est impossible. Nous avons tous nos moments de fatigue, de doutes, de soucis professionnels ou personnels. Nous ne pouvons pas, chaque jour, tenir un « rôle » pour que nos enfants obtiennent tout. Nous sommes faillibles, nous ne pouvons pas toujours être sereins, nous sommes des êtres d'émotions et parfois il est bon de faire une pause et d'oublier un peu nos « exigences parentales ». Pas question, bien sûr, de ne plus être responsables, l'enfant, surtout en bas âge, ne peut pas être tributaire de nos sautes d'humeur. Il peut juste apprendre, même tout-petit, que maman ou papa sont des êtres humains qui peuvent aussi avoir des moments où ils pensent à eux et qu'ils ne sont pas toujours disponibles pour les autres.

Je me rappelle ce père qui s'obligeait à raconter des petites comptines chaque soir, car il « n'avait jamais connu ça étant enfant ». Il le faisait, même s'il était épuisé après une harassante journée de travail. Finalement, dans ces moments-là, il avouait que sa façon de lire devenait automatique et que son enfant s'apercevait bien qu'il avait la tête ailleurs... Cette maman qui voulait tout prévoir pour protéger son enfant et qui s'angoissait à chaque respiration, à chaque petit problème de son nourrisson, parce qu'elle « ne ferait pas comme sa mère », elle serait une vraie mère attentive. Et de constater que son hyperprotection rendait son enfant encore plus fragile...

LES PARENTS — Nous savons tous les deux ce que c'est qu'une famille qui ne parle pas... nous ne reproduirons jamais ça avec notre enfant...
LE THÉRAPEUTE — C'est-à-dire ?
LES PARENTS — Qu'on expliquera à notre fils pourquoi nous lui demandons de faire telle ou telle chose... Qu'il sera toujours en droit de prendre la parole...
LE THÉRAPEUTE — Il y a peut-être des choses qui méritent peu d'explications... vous le savez, demander à votre petit de 3 ans de goûter des épinards ne nécessite pas forcément un long dialogue...
LES PARENTS — C'est vrai que pour les repas, nous avons remarqué que beaucoup parler pour essayer de le convaincre ne servait pas à grand-chose...

Disserter longuement sur les petites exigences de la vie quotidienne s'avère souvent inutile. Expliquer à l'enfant pourquoi on lui demande de faire ceci ou cela peut, certes, être bienvenu, mais il n'est pas nécessaire de redonner chaque fois une argumentation pour lui demander de se coucher, de s'alimenter correctement, d'arrêter de jouer... Quand nous, parents, répondons à un « scénario du parent parfait », nous ne tenons plus compte de la situation réelle, nous entérinons l'injonction : « Voilà ce qu'un bon parent doit faire... »

➤ *Des parents imparfaits…*

Notre inclination pour la perfection ne vient pas exclusivement de notre propre vécu avec nos parents. Nous pouvons avoir appris à devenir un « bon parent » avec des livres, des émissions de radio ou de télévision. Je risque donc de participer à cette volonté irrationnelle de perfection avec mes hypothèses et mes conseils ! Alors, parents, promettez-moi de garder vos distances avec ce que j'écris : il n'est pas question d'appliquer à la lettre tout ce que je vous propose, mais d'en faire, éventuellement, un « souhait », une « préférence éducative » : « Voilà ce qui peut être bon pour notre enfant. » Interdisez-vous d'en faire un nouvel « absolu de pensée » : « Ce que nous devons, ce qu'il faut faire. » Nous sommes perfectibles et nous pouvons améliorer les choses dans la limite de la réalité. Il est bon de garder une certaine souplesse en transformant tout ce vous entendez ou lisez en « hypothèses » : « Nous aimerions faire comme ceci ou cela mais aucune "loi" ne nous contraint à le faire constamment. » La réalité, je le répète, est que nous nous efforçons tous, nous les parents, de faire au mieux, mais nous devons aussi tenir compte de beaucoup de paramètres qui nous échappent. Parfois, des imprévus, certaines situations dictent nos comportements, nos émotions et ceux de nos enfants : le contexte socioculturel, les susceptibilités génétiques de chacun ou les aléas du quotidien.

Être parent signifie donc essayer de proposer la meilleure éducation possible en sachant qu'il y aura d'inévitables ratés et des moments où tout ce nous voulons faire ne peut pas se réaliser. Éduquer est un objectif et non une « injonction » et le « parent responsable » est non pas celui qui sait, mais celui qui désire apprendre, celui qui reconnaît ses erreurs et surtout un parent qui admet que tout ne peut pas marcher à 100 %.

➤ ... *mais des parents « rationnels »*

Je ne peux pour autant donner raison au « Parents, quoi que vous fassiez, vous le ferez mal » de Freud qui peut séduire ou abuser beaucoup de parents qui se disent qu'après tout éduquer est une chimère. Non, éduquer est bien un savoir-faire qui aide l'enfant à devenir heureux et dont les parents sont les principaux acteurs. Seul bémol : cela n'est pas toujours possible en tout lieu et tout temps, avec n'importe qui et n'importe quoi. Donc je préfère un « Parents, faites au mieux pour votre enfant et acceptez que tout n'est pas possible... »

La perfection parentale risque de créer, elle aussi, un monde virtuel : des parents qui ne sont jamais faillibles, des parents qui ne sont jamais « émotionnels », des parents qui donnent toujours l'amour attendu ne sont guère « humains ». *A contrario*, quand nos enfants nous voient ressentir, réagir, penser à nous-mêmes et ne pas toujours être à leur service, ils sont témoins de notre humanité.

Vous l'avez compris, ce qui est irrationnel est notre volonté excessive d'apporter le plus de bien-être possible à nos enfants. Quand nous répondons à nos « injonctions inconscientes », nous ne tenons plus compte de la réalité, nous obéissons à des commandements implicites. Une recherche anglo-saxonne[1] traduit la forte corrélation entre des attitudes parentales spécifiques et les difficultés de comportements des enfants. Les parents qui ont le plus d'enfants en difficulté révèlent trois attitudes dominantes : permissivité (absence totale de discipline), autoritarisme (avec réactions parentales disproportionnées et attitudes agressives ou colériques), verbiage (parents qui ne

1. D. S. Arnold, S. G. O'Leary, L. S. Wolff, M. M. Acker, « The Parenting Scale : a measure of dysfunctional parenting in discipline situations », *Psychological Assessment*, 1993, vol. 5, n° 2, p. 137-144.

font que réprimander verbalement, tentent de tout expliquer, rentrent dans des plaidoiries sans fin...). Sans devenir le parent idéal, il est bon de savoir si nous ne tombons pas, à un moment ou à un autre, dans l'une de ces « attitudes parentales ».

➤ *Parents « perfectionnistes »*

Nous sommes tous tentés de demander toujours plus à nos enfants, c'est naturel parce que inconsciemment nous évaluons ce qu'ils font au regard de notre propre expérience d'enfant ou d'adulte. Et le réflexe est bien souvent de leur conseiller « ce qu'ils auraient pu faire » au lieu de bien juger ce qu'ils peuvent faire eux-mêmes, selon leur âge et selon leur singularité.

Nos scénarios de « logique éducative » pour les enfants sont pleins de « ça doit, il faut », de « normalement, on "doit" réagir comme ça, aimer comme ça, éviter de faire ça », etc.

Parfois, le parent « parfait » va fragiliser son enfant : en voulant « tout » pour l'enfant, il tombe dans le panneau de ce que j'appelle les cinq « S » :

• Une « surconsommation » : l'enfant ne se voit jamais rien refuser en alimentation ou en plaisir, « il doit jouir de la vie ».

• Une « surstimulation » : l'enfant « doit expérimenter et faire un maximum de choses ». Or l'enfant à qui l'on propose tout le temps des activités ou qui n'est jamais stoppé dans son activisme risque de développer une hyperactivité.

• Une « survalorisation » : l'enfant « doit être gratifié à tout moment ». À force de lui dire qu'il est le plus fort, le plus beau, il n'acceptera plus l'échec ni les regards négatifs inévitables de la part des autres.

• Une « surprotection » : l'enfant ne « doit pas souffrir de la réalité ». En permanence sous le filet protecteur parental, l'enfant se fragilise peu à peu devant les inéluctables aléas de la vie.

• Une « surcommunication » : l'enfant s'habitue à toujours défendre sa cause, à tout savoir sur tout et privilégie la parole sur le « faire ». Il devient plaideur, inquisiteur et imite l'adulte.

Le stress parental…

« Vous nous dites d'éduquer, d'être vigilants, d'aller au charbon… Si c'est ça être parents ! »

J'ai souvent entendu ces plaintes, comme si être parent devait être de tout repos ! Aimer, câliner, dorloter, partager, jouer, parler, tout cela est à la portée de tous. Mais quand il faut donner des limites, commander à son enfant, insister, lui apprendre ce qu'il doit faire ou non, déplaire, refuser, contredire, voire interdire, bref, quand il faut « éduquer », c'est une tout autre histoire.

On entend souvent des histoires de parents nés dans les premières décennies du XXe siècle qui se vantaient d'avoir élevé facilement leurs enfants. « Dans le temps, on savait éduquer. » Mais était-il si difficile d'éduquer quand on était relayé sans cesse par le curé ou l'enseignant du village, quand la société n'était pas « de consommation », quand tout était prohibé pour l'enfant, quand il lui était souvent interdit d'exister ? Était-il si stressant d'avoir de l'autorité sur un enfant quand la suppression d'un jouet favori, d'un vélo ou de l'unique émission de télévision hebdomadaire était une arme redoutable ?

En ce début de XXIe siècle, les temps ont bien changé. L'abondance fait que certaines sanctions ne portent plus, les parents sont isolés quand ils veulent être fermes (en contradiction avec d'autres personnes, de la famille ou non). Eh oui, éduquer un enfant, si l'on veut inclure une certaine autorité parentale, n'est pas de tout repos quand le « contexte socio-économico-culturel » ne facilite pas les choses !

Mais avant de vous donner un savoir-faire, nous devons travailler sur ce qui freine tout aussi drastiquement notre sérénité : nos réactions émotionnelles.

➤ *Attention à nos émotions...*

Une recherche[1] montre la forte corrélation entre les difficultés éducatives et les tempéraments des parents. S'il n'est pas question de se transformer en robots sans émotions, il est bon de réguler les réactions émotionnelles que nous sentons inadéquates ou disproportionnées. D'où viennent ces émotions ? Sont-elles purement biologiques ? Notre tempérament y est pour beaucoup, mais nous ne pouvons réduire notre ressenti à de simples automatismes génétiques. Notre façon de penser est, elle aussi, déterminante. Les événements que nous vivons activent nos émotions mais ce sont surtout les pensées qui leur sont associées qui en sont les véritables « braises » : *ce que nous nous disons dès que nous vivons une situation difficile va amplifier notre réponse émotionnelle.*

Votre enfant est désobéissant, cela provoque une forte réaction et si vous êtes de tempérament colérique, vous allez forcément contre-agresser à un moment ou à un autre. Mais si, après l'incident, vous reprenez, au ralenti ce qui s'est passé, vous prenez vite conscience que vous vous êtes dit certaines choses à propos de cette « désobéissance ». Les pensées sont automatiques, souvent subconscientes et pour les retrouver il est bon de revoir, par écrit, tout ce qui s'est « subjectivement » passé. Rédiger les « activateurs », leurs conséquences émotionnelles et comportementales et les pensées qui ont surgi à ce

---

1. L'échelle « Depression-Anxiety-Stress » dans S. H. Lovibond, P. F. Lovibond, *Manual for the Depression Anxiety Stress Scales*, Sydney, Psychology Foundation, 1995.

moment-là. C'est un travail qui mérite le plus souvent l'accompagnement d'un thérapeute formé à ces méthodes. Toutefois vous pouvez travailler vous-mêmes certaines pensées automatiques en essayant de retrouver ce que nous appelons vos « schémas d'enfant ».

➤ *Les sirènes du passé ou nos « schémas d'enfants »*

Notre enfance, qu'elle ait été plus ou moins heureuse, nous laisse à tous des traces pendant de longues années. Cela s'appelle « l'empreinte ». Si j'ai connu une vie familiale particulièrement agréable, je peux très bien avoir construit un « scénario » comme : « La famille que j'aurai fonctionnera comme cela », « Une famille se doit d'être harmonieuse », « Les conflits sont inhumains », « Tout doit être parlé ».

Si j'ai souffert de conflits incessants, de joutes familiales violentes, de rejets, d'inattentions perpétuelles, je peux tout aussi bien m'endoctriner dans de futures attentes quant à la qualité de la famille idéale que je veux avoir : « Désormais, je ne répéterai jamais la violence de mes parents », « Tout sera toujours négocié », « La parole dominera toujours les passages à l'acte », « On doit être heureux dans un environnement positif ».

Nous pouvons nous créer des scénarios en parfaite contradiction avec notre vécu : une enfance heureuse peut stimuler des attentes du genre : « Je veux une famille qui dise les choses, n'évite pas les conflits », « Il faut en finir avec le cocooning qui affaiblit », « Seule une éducation ferme peut construire ». Une enfance malheureuse peut générer des scénarios comme : « Il faut en baver pour être fort », « La vie n'est pas un paradis », « Il faut apprendre à souffrir ! ».

Vous l'avez compris, il existe autant d'enfances que de scénarios possibles. Ces scénarios se forgent peu à peu tout au long de notre vie. Ils sont parfois atténués par de nouvelles expériences, renforcés ou rigidifiés devant tel ou tel aléa. Chaque personne a sa propre idée de l'éducation en fonction de l'interprétation de ce qui lui est arrivé ou pas : il est impossible de répertorier tous les scénarios possibles et imaginables.

➤ *Avons-nous construit nos « profils éducatifs » ?*

En revanche, il est intéressant de connaître l'impact de ces scénarios précoces sur notre façon d'éduquer nos enfants et de s'interroger : mes croyances anciennes bloquent-elles mon savoir-faire avec mes enfants ? Sans pousser l'autoanalyse jusqu'aux abysses de notre inconscient, nous pouvons retrouver certaines attentes ou exigences qui signent bien que nous ne tenons pas compte du présent de notre enfant mais que nous répondons aux injonctions de notre propre vécu, de notre passé. Les scénarios que nous avons créés et alimentés tout au long de notre histoire nous obligent à certains rôles en éducation. On ne devient pas « autoritariste », « permissif » ou tout simplement « perdu » ou « impuissant » par hasard.

LE PÈRE — Comment voulez-vous que je sois ferme avec mon tout-petit avec le père que j'ai eu ? Un *pater familias* à l'ancienne qui ne tolérait aucun comportement d'enfant…

LE THÉRAPEUTE — Et vous avez repensé à l'autoritarisme de votre père quand…

LE PÈRE — Il a fallu dire à mon petit bout de chou de 4 ans de se coucher alors qu'il faisait une sérénade d'enfer…

LE THÉRAPEUTE — Vous ressentiez quelle émotion à ce moment-là ?

LE PÈRE — De la colère… j'étais tout près de gifler mon fils, j'étais à bout devant sa désobéissance.

LE THÉRAPEUTE — Et vous vous disiez quoi quand il n'obéissait pas ?

LE PÈRE — Que ce môme avait tout pour être heureux… que c'était insensé qu'il fasse autant d'histoires. Que s'il avait eu un père comme le mien, ça se serait passé autrement et plus durement…

LE THÉRAPEUTE — Et ces pensées semblent dire…
LE PÈRE — Oui, ça me tue qu'un petit qui a reçu toute l'affection et l'attention possibles soit aussi difficile au moment de se coucher !
LE THÉRAPEUTE — Vous paraissez obéir à une loi, vous savez, ce que j'appelle des « scénarios d'enfance »
LE PÈRE — Effectivement… qu'un enfant choyé doit être docile…

Vous avez bien compris, cher père, que vous avez créé un scénario d'après votre vécu d'enfant et que vous voudriez voir votre fils adopter ce scénario : « Quand on a reçu tout l'amour, quand on n'a pas été victime d'abus ou d'injustices de la part de ses parents, l'enfant ne doit pas être difficile à éduquer… » Sauf, comme je l'ai précisé plus haut, si notre enfant est « intolérant aux frustrations » : dans ce cas, ce n'est pas la carence affective qui stimule ses dysfonctionnements mais l'absence de « frustrations » au quotidien.

➤ *Comment devenir un « parent résilient » ?*

En reconnaissant cette « construction » de scénarios qui répondent avant tout à notre vécu d'enfant, nous pouvons relativiser nos réactions émotionnelles, nous dire : « Attention, là, je suis dans ma zone dangereuse, cela me rappelle trop des moments difficiles, ne mélangeons pas les choses ! » Tout un travail de prise de conscience est utile, mais il est surtout essentiel d'accepter ce que nous avons vécu dans notre enfance. Allons-nous continuellement nous endoctriner avec des « Comment auraient dû être mon père, ma mère ! » et des « Ce que j'aurais dû connaître en tant qu'enfant » ? Ou bien, allons-nous simplement accepter les passés douloureux et dépasser ses carences ? Pouvons-nous redéfinir ce que nous attendons désormais de la vie ? Ce travail de relativisation de notre propre enfance ne prend pas, contrairement aux idées reçues, des années de recherche difficile.

C'est à chaque événement chargé émotionnellement que nous vivons en éduquant notre enfant que nous pouvons retrouver et relativiser nos attentes, nos exigences, nos demandes inconscientes sur « ce que doit être un bon parent » ou « ce que doit être un enfant ». Être un parent résilient est aussi le signe que l'on a accepté les adversités, aussi douloureuses qu'elles aient été, tout comme l'enfant résilient, nous en reparlerons un peu plus tard, apprend progressivement l'art de relativiser les aléas de sa vie. Je ne parle pas d'une sorte de conditionnement fataliste, les « Après tout, c'est la vie ! » ne m'enchantent guère. Non, l'acceptation est plus forte, il s'agit bien de reconnaître que les choses sont ou ont été et qu'il faut bien continuer de « vivre avec » pour envisager un meilleur avenir. J'aime le verbe anglais *to acknowledge* : « reconnaître que les choses sont. »

Oui ! reconnaître que les choses se sont passées comme cela, sans vouloir les étiqueter ou les labelliser… J'en ai souffert, que faire désormais pour être plus heureux ? Exiger que ma mère ou mon père deviennent enfin « bons », ou accepter ce qu'ils ont été ? La dure réalité de la résilience… Dépasser ce qui nous a brisés, accepter que notre enfance se soit passée ainsi, sans que nous l'ayons voulu. Nous ne pouvions et nous ne pouvons toujours rien changer, seul ce que je pense de tout me permet de relativiser… « C'était… mais désormais je peux redevenir pilote à bord… résilient, plus fort de cette expérience de souffrance… »

TEST 4

Comment réagissez-vous ?

Le tableau ci-dessous va vous aider à saisir le lien entre nos « croyances », vos pensées automatiques, vos réactions émotionnelles et certaines réponses éducatives inadéquates. Il vous donne quelques pistes pour retrouver l'origine de nos « absolus de pensée » souvent dictés par notre vécu d'enfant.

Vous ressentez de la colère

Vous pourriez penser...	Vous prenez le risque...
Vos absolus de pensée « Il devrait obéir ! » « On ne doit pas avoir ce genre d'attitude à son âge ! » « Il devrait être autonome. » « J'en ai assez de ses comportements ! » « Une telle attitude est insupportable ! » « Il va voir qui commande ici ! » **Vos « scénarios d'enfant »** – Quel type d'autorité ai-je connu ? – Ce que j'appréciais ? – Ce que je détestais ?	De faire la morale, de menacer, mais sans faire suivre de conséquences (sanctions). Il vit dans l'impunité. De sanctionner de façon disproportionnée. D'atteindre votre enfant dans son estime de soi et de le contre-agresser : il y aura escalade dans le conflit. *Vous pouvez basculer dans l'autoritarisme.*

Vous ressentez de l'anxiété

Vous pourriez penser...	Vous prenez le risque...
Vos absolus de pensée « Je ne devrais pas le rendre malheureux, le frustrer... » « Je ne supporte pas les disputes ! » « Je ne veux pas rompre la relation. » « C'est insupportable de déplaire à son enfant ! » **Vos « scénarios d'enfant »** – Ai-je connu un climat familial anxiogène ? – Ai-je souffert de conflits ?	De vous inhiber, d'éviter le conflit, de céder aux demandes de l'enfant, de mal interpréter ce qu'il ressent (« il est malheureux »). *Vous pouvez entrer dans la permissivité* par « passivité ».

Vous ressentez de la culpabilité

Vous pourriez penser...	Vous prenez le risque...
Vos absolus de pensée « Je m'y prends mal avec lui. » « Après tout il a tellement d'autres qualités ! » « Il n'a pas à payer nos frustrations de parents. » « Je ne dois pas répéter mes propres schémas infantiles. » **Vos « scénarios d'enfant »** – Ai-je pu m'affirmer enfant ? – N'ai-je vécu que de l'harmonie en famille ? – *A contrario*, ai-je souffert des conflits ?	De « collaborer » en renforçant ses acquis, ses privilèges. Tout futur « conflit sera banni ». Votre autodépréciation le rend « omnipotent ». *Vous renforcez la permissivité.*

Vous ressentez de la déprime

Vous pourriez penser...	Vous prenez le risque...
Vos absolus de pensée « Je ne suis pas un bon parent, je suis nul. » « Voir mon enfant comme cela est bien la preuve de mon incompétence. » « J'ai toujours raté mon relationnel. » **Vos « scénarios d'enfant »** – Ai-je subi une éducation autoritaire ? – Ai-je vécu une enfance dévalorisée ?	De vous sanctionner : fuite, retrait, inhibition totale, comportements d'autodéfaitisme. « Ma personnalité détruit mon enfant. » Vous serez tenté de trouver la solution ailleurs, de vous plonger dans un travail sur vous... *Vous ne connaissez plus que la permissivité.*

Éduquer : un métier ?

Aimer un enfant ne s'apprend pas... Des pathologies adultes signent cette aberration : certains pères ou certaines mères n'aiment pas leurs enfants. Pour de nombreuses raisons, ils vont utiliser leur progéniture pour assouvir leurs perversités, leurs névroses ou leurs psychoses. Les enfants maltraités, abusés, n'ont pas été aimés.

Mais si nous ressentons parfois de l'ambivalence envers nos enfants, et c'est normal, quand leurs comportements nous exaspèrent, l'amour que nous leur portons n'est jamais remis en cause. C'est toute la différence avec les rejets pathologiques qui sont à l'origine des abus d'enfants.

Nous aimons notre enfant même s'il nous est parfois difficile de comprendre et surtout de faire face à certains de ses dysfonctionnements. Nous l'avons vu, selon le tempérament de l'enfant, selon nos propres « schémas », selon les contextes, selon la cohérence du milieu, selon les apprentissages qu'il fait sans nous, de nombreux facteurs font que tout ne peut pas toujours bien marcher. Alors soyons humbles et reprenons les savoir-faire qui peuvent être d'une grande utilité quand on veut améliorer tel ou tel comportement ou même sanctionner tel ou tel débordement chez notre enfant.

➤ *L'autorité en amont*

L'obéissance de l'enfant est le plus souvent en jeu : nous, parents, nous efforçons de lui apprendre la réalité et nous devons lui interdire de faire certaines choses et c'est bien sûr là que l'enfant va tenter de se dérober à notre éducation. Trop souvent, nous réagissons un peu tard et dans ce cas notre autorité est « en aval » : nous intervenons après l'orage et nous tentons de reprendre la situation en main alors qu'elle a dégénéré. L'autorité première ou « en amont », c'est strictement l'inverse : s'efforcer d'exiger, d'interdire, mais aussi de récompenser, de valoriser bien avant que l'enfant ne soit victime de ses débordements et nous pousse à intervenir en véritable « pompier de service ». Nous apprenons ainsi à favoriser l'acceptation de soi de notre enfant (chapitre 3), l'acceptation des autres (chapitre 4) et l'effort, les frustrations en général (chapitre 5). Tout cela participe de l'autorité en « amont », une véritable prévention des comportements dits d'escalade, c'est-à-dire quand l'enfant continue de passer allégrement les interdits pour mieux faire exploser nos réponses émotionnelles. Une des premières marches de cette autorité en amont est sans doute un savoir-faire qui sait inclure les « renforcements positifs ».

➤ *Renforcer les comportements positifs*

Savoir « renforcer le positif » est une règle élémentaire : l'enfant, tout comme l'adulte, a besoin d'être « valorisé » dans une « zone d'échec ». Pour être plus explicite, l'enfant qui a du mal à faire telle ou telle chose doit en quelque sorte être récompensé quand il s'efforce d'agir, non comme il l'entend, lui, mais comme nous l'entendons, nous. C'est ce que nous appelons sa « zone d'échec ». Nous sommes trop souvent attentistes et pas assez gratifiants quand notre enfant s'efforce de nous plaire. Nous jugeons cela « normal » quand l'enfant, lui, estime avoir fourni un gros effort. Nous banalisons ses progrès et nous ne renforçons pas le comportement attendu.

➤ *Qu'est-ce qu'un renforcement positif ?*

C'est tout simplement une réponse que nous donnons à l'effort de l'enfant, qui va l'encourager à répéter ce qu'il a eu du mal à faire. Un tout-petit réticent à l'heure du coucher finit, après nos rappels, par se mettre au lit sans trop faire d'histoires. Au lieu de lui dire « bonne nuit », il est souhaitable de « renforcer positivement » ce qu'il vient de faire par un : « Je sais que ce n'est pas facile de quitter tout le monde en soirée, tu n'as pas fait de problèmes cette fois-ci, nous sommes contents… »

Malheureusement, nos réponses éducatives, même les mieux intentionnées, ont souvent tendance à renforcer l'inverse de ce que nous voulons. Nous désirons régler un conflit dans la fratrie et tancer l'enfant responsable de la dispute, mais nous allons lui parler pendant un trop long temps. L'enfant en déduit qu'il obtient plus de « relation » avec les parents quand il dysfonctionne, alors pourquoi ne pas les attirer de nouveau par une petite bêtise de plus ?

TEST 5

Que renforcent vos réponses éducatives ?

Votre enfant fait	Est-ce normal ?	Vous faites	Conséquences
Un bébé continue de hurler, il a été alimenté, câliné, n'a pas de fièvre.	À moins d'un an, c'est l'époque où il a besoin de l'interdit pour l'interdit, d'une autorité physique plus forte que lui.	Vous continuez de le cajoler, lui redonnez à manger, tentez de le distraire.	Il ne quête pas forcément du relationnel, il cherche une réponse « physique ». Vous risquez de le renforcer dans ses demandes.
		Vous l'emmenez dans sa chambre et n'intervenez plus pendant quelque temps, même s'il poursuit les pleurs.	Vous venez de lui apprendre qu'il existe des limites, il ne vit pas tout seul.
Un enfant de 7 ans en colère casse son jouet favori.	L'enfant n'attend que de savoir « combien ça coûte », il veut connaître les conséquences matérielles de ses passages à l'acte.	Vous réparez l'objet cassé ou le remplacez par un nouvel achat.	Outre le bénéfice secondaire d'obtenir autre chose à court terme, il vient d'apprendre que ses actes déviants ne sont pas pénalisés.
		Vous lui signifiez votre désaccord et demandez un petit service pour rembourser la casse.	Il vient d'apprendre que chaque acte déviant entraîne d'autres frustrations.

Et chez vous, cela se passe comment ?

Votre enfant fait	Vous faites	Conséquences

Nombreux sont ceux qui ne voient dans ce genre de « techniques » qu'un simple effet de conditionnement, pour ne pas dire une technique de « dressage » ! Il est vrai que, dans ce cas, nous ne visons pas la « qualité » de la relation, mais le comportement lui-même : nous apprenons à l'enfant ce qu'il doit poursuivre ou non comme efforts. Sommes-nous si différents de l'enfant dans nos « zones d'échec » ? Quand nous nous efforçons de régler certaines habitudes néfastes (arrêter de fumer, manger moins, pratiquer plus de sport...), ne sommes-nous pas sensibles aux : « C'est courageux de tenter ça... », « Tu as de la volonté... » et autres « Je suis content de ce que tu fais... ». Au travail, les managers les plus populaires ne sont-ils pas ceux qui savent repérer ce qui nous coûte et non pas ceux qui ont l'art de ne rien remarquer ? Pour conclure, serions-nous si tenaces au travail si nous n'étions pas rémunérés ?

Il est donc hors de question de confondre l'apprentissage d'un comportement et la qualité affective d'une relation. L'un n'exclut pas l'autre. Et, pour un tout-petit, renforcer positivement les comportements qu'on attend de lui est parfois plus important que de l'assurer constamment de notre amour.

Renforcer le « relationnel » est tout aussi important. Ce n'est pas du « chantage affectif », le « Nous t'aimons si tu agis comme ceci ou cela ». L'amour, je le répète, doit être constamment dissocié de ce que fait l'enfant, c'est l'acceptation inconditionnelle de ce qu'il « est ». En revanche, le « Nous t'aimons quoi que tu fasses » doit aussi faire place à « Nous t'aimons, mais nous ne voulons pas de ce comportement ». Et si l'enfant obtempère, le renforcer de façon « relationnelle », c'est lui indiquer que nous retrouvons du plaisir à vivre avec lui quand il fait l'effort attendu.

Renforcements « relationnels »	Renforcements « récompenses »
– Évaluer ensemble les progrès accomplis. – Exprimer son appréciation. – Sourire. – Acquiescer d'un hochement de tête. – Être attentionné. – Partager une activité. – Donner une tape amicale dans le dos. – Embrasser. – Écouter. – Faire l'éloge de l'enfant (auprès d'un tiers). – Être ensemble. – Le faire participer à des décisions.	– Recevoir de l'argent. – Choisir le menu d'un repas. – Regarder la télévision plus longtemps. – Se coucher plus tard. – Acheter un petit jouet. – Partager une activité qu'il a demandée. – Recevoir des amis à domicile. – Acheter un vêtement. – Prolonger le temps libre après l'école. – Se promener dans le quartier. – Accompagner les parents au café ou au restaurant. – Louer un DVD de son choix.
Chez vous :	*Chez vous :*

➤ *Attitudes parentales avant une éventuelle sanction*

Quand l'enfant ne répond pas à ces renforcements, quand il persiste dans ses petits passages à l'acte, nous pouvons tenter quelques petites recettes comportementales.

Quelques conseils pour se faire obéir d'un enfant en bas âge lorsque la simple remarque ne suffit pas

– S'approcher physiquement de l'enfant (ne pas crier du fond d'une pièce).
– Montrer un visage sévère (ne pas sourire en même temps, il est si mignon !).
– L'appeler par son prénom (éviter les « mon trésor » à ce moment-là).
– Bien le fixer du regard (ne pas regarder le canapé !).
– Forcer la voix pour plus de fermeté (ne pas parler sur un ton de comptine).
– Répéter la demande simplement et clairement (pas de plaidoirie).

S'il continue de désobéir, s'il récidive après nos tentatives, il ne reste plus qu'à lui donner une « conséquence », une punition relative à ce qu'il a fait.

➤ *Sanctionnez s'il le faut !*

Dans un précédent ouvrage, j'explique ce que peut être une « bonne sanction[1] ». L'essentiel est avant tout de tenter de donner à l'enfant une « conséquence » qui vienne en toute logique réparer le comportement déviant : faire remplacer un objet cassé, interrompre un jeu qui se passe mal, demander une sieste quand la fatigue stimule des excès d'émotions, priver de dessert quand goûter un aliment devient trop conflictuel, supprimer une activité quand la « forme » n'est pas respectée. La sanction « conséquence » montre bien à l'enfant que ce qu'il a fait mérite

1. D. Pleux, *Manuel d'éducation à l'usage des parents,* Paris, Odile Jacob, 2004.

une réponse adaptée même frustrante là où une « sanction émotionnelle » (quand nous sommes excédés et que nous prenons une disposition disproportionnée tant nous sommes en colère…) ne lui apprend rien du tout si ce n'est l'injustice (priver trois mois de télévision pour trop de gros mots, supprimer des jouets pour des épinards recrachés, exclure dans la chambre pour ne pas avoir mis le couvert…)

Et si la conséquence immédiate ne suffit pas, nous appliquerons cette règle du « *Time out !* » : nous coupons toute relation avec l'enfant, quel que soit son âge. Appliquons la règle du « Stop, on arrête tout ! » s'il persiste et dispensons-nous de répéter une multitude de fois ce que nous voulons. Si rien n'y fait, seule la mise à l'écart de la vie familiale est efficace.

N'oubliez pas les trois règles des « sanctions et récompenses »

– Récompenser immédiatement et souvent les comportements positifs.
– Éviter de récompenser accidentellement les comportements négatifs.
– Sanctionner rapidement et sans émotion disproportionnée les attitudes négatives.

Pour être vraiment un parent « rationnel », il est bon de connaître ce qui est le véritable dénominateur commun chez l'enfant heureux. Il est aussi souhaitable de « disputer », de remettre en cause nos croyances, qu'elles soient apprises, ce sont nos croyances « psy », ou qu'elles trouvent leur origine dans notre propre enfance. Il est réaliste d'admettre que nous ne pouvons pas toujours tout faire et que notre enfant peut aussi se développer différemment et trouver un bonheur qui lui sera singulier et qu'aucun livre ne peut définir. En revanche, il me paraît tout de même intéressant de vous confier ce que je vois de commun chez beaucoup d'enfants qui ont reçu une certaine éducation…

Ce que développe l'éducation

Ce que l'éducation apporte à mon enfant	Et pour cela, je suis un parent qui…
- Il devient progressivement autonome. - Il accepte ses points forts et ses points faibles. - Il met en valeur ses qualités personnelles. - Il sait actualiser son potentiel réel. - Il connaît ses émotions, il les exprime. - Il a confiance en lui, il sait prendre des risques. - Il va prendre des responsabilités. - Il est « affirmé » dans ses relations avec les autres. - Il a un « esprit sain dans un corps sain ».	- Montre, je transmets un savoir-faire. - Joue avec lui, je partage des plaisirs avec lui. - Communique : j'affirme mais je sais aussi écouter, échanger. - Connaît ses capacités et les stimule. - L'accepte dans ses goûts, son originalité, son tempérament. - Renforce positivement tous ses efforts pour s'adapter au réel.

J'augmente son seuil de tolérance aux frustrations	Et pour cela…
- Il accepte le principe de réalité. - Il est moins fragile devant l'adversité. - Il ne pense pas qu'à son plaisir immédiat. - Il s'épanouit sans empiéter sur la liberté d'autrui. - Il est capable d'empathie, il reconnaît et comprend les sentiments des autres.	- Je pose des interdits. - J'exige qu'il s'adapte à l'école et aux règles sociales. - Je l'aide à tenir ses engagements le plus longtemps possible. - Je lui fais reconnaître les différences chez autrui. - Je lui apprends la générosité et la tolérance avec les autres. - J'attends de lui qu'il sache aider. - Je lui impose des exigences au quotidien. - Je sais le sanctionner justement.

CHAPITRE 3

L'enfant « singulier » ou l'enfant qui s'accepte

Nous pouvons aider notre enfant à se créer une bonne image de soi, une acceptation inconditionnelle de soi, en l'accompagnant dans la lente construction de sa personnalité, en valorisant ses « forces », en tenant compte de ses « faiblesses » tout en tentant de les atténuer. Malgré un environnement parfois négatif, il est possible de susciter une « résilience » chez notre enfant en désamorçant toutes les pensées autodéfaitistes que suscite son accommodation aux autres et à la réalité. Éduquer, c'est faire en sorte que mon enfant sache ce qu'il vaut (estime de soi), qu'il « ose » faire (confiance en soi), mais aussi qu'il puisse exister avec lui-même et les autres. L'acceptation de soi est ce difficile apprentissage de soi : l'enfant peut-il, seul, se découvrir « singulier », peut-il apprendre à s'accepter avec ses émotions, qu'elles soient positives ou négatives, avec ses talents mais aussi avec ses zones d'ombre, avec sa faillibilité d'être humain. Il est important de développer l'estime de soi de son enfant, mais s'il n'est que « valorisé », il risque fort d'être très vulnérable dès la moindre adversité ou le moindre regard négatif de son environnement. Il paraît donc indispensable d'appréhender en amont cette « acceptation de soi » qui se construit, tout d'abord, par la reconnaissance des émotions. Les parents peuvent instruire leur enfant pour qu'il accepte son « ressenti », qu'il gère mieux ses réponses émotionnelles.

Première étape vers l'acceptation de soi : de l'émotion au sentiment de soi

➤ *L'enfant est un être d'émotions*

L'émotion est en effet le nerf de la guerre pour répondre, par tel ou tel comportement, aux aléas de la vie. Les neurosciences l'ont montré, l'humain ne peut plus agir sur le monde s'il ne ressent plus. Le tout-petit qui n'apprend pas à mieux comprendre et gérer ses émotions a toutes les chances de se retrouver impuissant face à l'adversité. Comme le souligne A. R. Damasio, « En effet, je suppose que l'expression (l'émotion) précède le sentir[1]... » et la « conscience de soi » : l'être humain ne développe son « sentiment de soi » que parce qu'il ressent des émotions. L'émotion de l'enfant est sa façon d'être dans le monde et lorsque les parents, une fois de plus, participent à la régulation de ses réponses émotionnelles, ils favorisent aussi son « sentiment de soi ».

➤ *Lui apprendre à accepter ses « états d'âme »*

Nous ne pouvons pas être « heureux » tout le temps... mais notre enfant ne le sait pas encore. Le parent peut alors jouer un rôle important pour l'aider à accepter ces moments où il ressent de la tristesse, de l'ennui, de l'anxiété, voire de la colère. Il est bon de reconnaître l'état d'âme de l'enfant, de

---

1. Antonio R. Damasio, *Le Sentiment même de soi*, Paris, Odile Jacob, 1999.

« parler », de nommer son émotion... Que se passe-t-il, que ressent-il ?

Lorsque nous voyons vivre notre tout-petit, nous ne pouvons pas réaliser qu'il vit parfois un véritable « stress ». Au fur et à mesure qu'il grandit, il s'arme pour affronter la réalité mais se trouve le plus souvent « impuissant », ses capacités réelles sont encore loin du compte. Avec l'âge, il verra qu'il ne pourra pas gérer tous les aléas de la vie mais saura qu'il dispose de plus de force, qu'elle soit physique, mentale, émotionnelle. S'il n'a pas appris à piloter ses réponses émotionnelles, il risque *a contrario*, plus tard, d'éviter tout ce qui procure du « stress » ou de répondre agressivement à l'adversité ou de devenir dépendant des autres pour oublier sa propre impuissance. Pour l'instant, le petit enfant a besoin, une fois de plus, d'apprendre sa réalité de « petit homme » et nous, les adultes, devons l'aider à mieux gérer ses émotions.

➤ *Reconnaître et écouter les émotions de l'enfant*

L'enfant va vite comprendre qu'il est souvent essentiel de parler de ses émotions et nous l'encourageons à trouver des interlocuteurs : nous, ses parents ou toute personne qui en a la charge. Cela est surtout vrai quand l'enfant ressent des émotions négatives, il sera sécurisé s'il sait qu'il peut trouver une écoute attentive et affectueuse.

Tout d'abord, il est utile que l'enfant reconnaisse ses sentiments, qu'ils soient positifs ou négatifs. Bien sûr, tous nos enfants sont différents et possèdent leurs propres susceptibilités génétiques : certains ont tendance à garder en eux leur ressenti (les profils plus « introvertis »), d'autres vont l'exprimer plus facilement (les enfants « extravertis »), certains signent une hypersensibilité là où d'autres semblent plus « durs ». Mais, une fois de plus, notre médiation, notre façon d'éduquer va tempérer les caractères « innés ». Cet « acquis » *via* l'interaction des apprentissages ne va pas tout changer, mais donner à l'enfant un potentiel, une façon de faire et d'être, jusque-là insoupçonnés.

Avec les progrès du langage, l'enfant trouvera des mots pour exprimer ses émotions et c'est ce que le parent favorisera constamment : quand il est joyeux, apprenons-lui qu'il est « content », s'il est fâché, soulignons qu'il est en « colère », s'il craint quelque chose, qu'il éprouve de la « peur ». Et lorsque l'enfant est déçu de ne pas obtenir tout de suite quelque chose ou bien s'il se plaint que la vie en groupe ne le privilégie plus, ou encore quand il veut à tout prix rester dans un principe de plaisir immédiat, apprenons-lui ce mot réputé barbare, mais qui traduit pourtant un réel état émotionnel : « Tu es "frustré" ! »

➤ *Parler l'émotion… premiers pas vers la gestion émotionnelle*

L'enfant a parfois peur de ce qu'il ressent. Quand l'émotion l'envahit, il ne peut guère la contrôler. Un excès de colère va « s'autorenforcer », l'état émotionnel va stimuler l'émotion elle-même : un tout-petit qui pleure va s'entendre et bien vite pleurer sur ses pleurs. À la crèche, les enfants se mettent à crier les uns après les autres par un véritable effet de ricochet. L'enfant ne sait pas ce qui se passe en lui, il sera bon que l'adulte mette en mots ce qui lui arrive.

LE THÉRAPEUTE — Par exemple, lorsqu'un enfant est anxieux ou tout simplement éprouve de la peur devant un petit animal domestique. Il réagit bien de façon défensive à l'éventuelle attaque du chat de la maison, c'est le « *fight or flight* » primaire, « fuir ou combattre » devant un danger. L'adulte présent peut tout simplement lui dire : « Le chat te fait peur mais il n'est pas méchant. »

LES PARENTS — D'accord si l'enfant peut parler et nous comprendre mais quand il est trop petit ?

LE THÉRAPEUTE — C'est ce que nous avons déjà évoqué, même s'il ne possède pas le langage, il entend la tonalité de votre voix, il regarde vos mimiques, ce qui le rassure, il sait que ce qui se passe en lui est normal.

LES PARENTS — Et dire à mon bébé de 1 an qu'il a une grosse colère parce que je ne cède pas à un caprice ?…

LE THÉRAPEUTE — C'est humaniser son émotion… Vous lui dites qu'il ressent une frustration et que c'est bien normal de ne pas être très content ! Vous lui dites aussi, symboliquement, que l'on peut parler, nommer ce que l'on ressent…

LES PARENTS — Même s'il ne comprend pas…

LE THÉRAPEUTE — Oui ! Le tout-petit n'a aucune possibilité d'accéder au symbolique, il n'en a pas les outils, mais il expérimente une façon de vivre l'émotionnel : d'une émotion vécue à l'état pur à une communication avec les adultes, que cet échange soit intellectuellement compris ou non, c'est une relation qui se substitue à l'émotionnel. C'est un premier pas vers l'apprentissage de la gestion émotionnelle : communiquer ce que l'on éprouve.

➤ *Pas d'émotion sur l'émotion*

En revanche, il est recommandé de ne pas amplifier l'émotionnel de l'enfant et c'est pourquoi il est parfois utile de banaliser certaines réactions… et en tout cas de ne pas dramatiser.

LES PARENTS — Vous voulez dire que si, nous-mêmes, nous réagissons avec nos propres émotions, nous risquons d'aggraver le ressenti de notre enfant.

LE THÉRAPEUTE — Oui. Et c'est pour cela qu'il est important de connaître notre propre gestion émotionnelle. Sinon notre colère amplifie la colère de l'enfant, notre anxiété accroît sa peur. De plus, quand nous « surréagissons » émotionnellement, l'enfant apprend, par modèle, que c'est une réponse tout à fait adaptée aux aléas de la vie. Alors que « parler » un sentiment transforme certaines émotions négatives disproportionnées en un ressenti plus adapté, plus tempéré.

LES PARENTS — Vous voulez dire que si, par exemple, j'exprime une colère, elle va s'atténuer ?

LE THÉRAPEUTE — Elle peut évoluer, devenir énervement ou agacement, ce que nous appelons une émotion négative adéquate et non exacerbée…

LES PARENTS — Et notre enfant…

LE THÉRAPEUTE — … apprend que c'est normal d'avoir des énervements mais que la colère est trop forte, que c'est commun d'avoir peur mais que l'angoisse est démesurée.

➤ *L'émotion première… être ou ne pas être… frustré !*

Il est surprenant d'évoquer un sentiment négatif en premier lieu et pourtant le sentiment de frustration est très vite ressenti par l'enfant qui vit des moments d'insatisfaction en réponse à ses demandes permanentes d'alimentation, de sommeil ou de câlins. Ce sentiment est inhérent au principe de réalité de la condition humaine et pourtant nous, les parents, avons tendance à confondre ce ressenti négatif de notre enfant avec son « malheur ».

Les adultes savent définir les grandes émotions positives comme la joie ou le bonheur et les émotions négatives comme la colère, l'anxiété ou la dépression, mais nous devons y ajouter le sentiment de frustration. Ce dernier n'a rien à voir avec un sentiment de dépression : la frustration n'est pas un dégoût de la vie mais un moment provisoire d'insatisfaction. Quand l'enfant éprouve ce sentiment, il réalise que le monde ne peut pas toujours répondre à ses attentes. Apprendre le sentiment de frustration donne à l'enfant cette force d'accepter un moment décevant, déplaisant, voire douloureux de la vie. Et nous, parents, apprenons aussi à ne plus confondre cette émotion avec une « dépression » chez notre enfant. Combien de fois ai-je été surpris par cette confusion à mon cabinet de consultation.

LE THÉRAPEUTE — Avec les tout-petits, il est important de décrire ce qu'ils ressentent puisqu'ils n'ont pas les mots suffisants… Cela va du « Je vois que bébé voulait encore des câlins mais je reviens tout à l'heure… Je sais, tu n'es pas content ! » à, quand il est plus âgé, « J'ai l'impression que tu as mal supporté d'arrêter de jouer parce que c'était l'heure du repas… ».

LES PARENTS — Mais si vous saviez comme il est triste quand nous lui disons que c'est l'heure du coucher… et quand nous voyons ses grosses larmes, nous ne pouvons nous empêcher de penser qu'il doit souffrir…

LE THÉRAPEUTE — Nous avons tous connu ces moments où notre enfant semble très malheureux. Quand il n'y a pas d'événement réel qui peut causer une vraie « dépression », il est bon de se souvenir que l'enfant, quand il est frustré, manifeste les mêmes signes de tristesse…

LES PARENTS — Parfois aussi, notre plus petit de 5 ans se met dans une colère pas possible qui semble totalement disproportionnée… Surtout quand on lui demande d'obéir ou d'arrêter une activité qui lui plaît…

LE THÉRAPEUTE — Dans ce cas, ne cherchez pas un « sens » profond derrière l'attitude de votre enfant… Une fois de plus, il se sent « frustré » de ne pas pouvoir faire ce que bon lui semble. Sa colère signe un refus de ce que nous appelons le « principe de réalité ».

Le sentiment de frustration est un sentiment négatif adéquat mais, chez le tout-petit, il ne peut pas s'exprimer par les mots. Une colère excessive signe souvent que l'enfant a bien du mal à accepter que tout ne se passe pas comme il l'aurait voulu, il s'agit alors d'un caprice ! La colère du tout-petit peut aussi bien être l'expression d'un manque, d'une « demande » que d'une douleur : il n'a pas d'autres outils pour solliciter une relation, des câlins, du jeu, de la nourriture, du repos. S'il souffre d'un problème physique ou d'une maladie, il n'a aucun autre moyen, avant l'acquisition du langage, de se faire entendre. Dans ce cas, vous l'avez compris, il ne fait pas un caprice, il tente de vous parler. Mais quand vous vous êtes bien assurés que l'enfant n'est pas malade, qu'il a eu son content de nourriture, de sommeil, de partage, de jeux et de tendresse, vous pouvez en déduire qu'il vit un moment de « frustration » !

➤ *Ressentir de la frustration… c'est normal !*

LES PARENTS — Mais que peut-on dire à un tout-petit qui nous fait un caprice, à un bébé qui est « frustré » comme vous dites ?

LE THÉRAPEUTE — Bien entendu, vous n'allez pas lui dire : « Tu es "frustré" et cela participe de ta résilience psychique… » Mais il est bon de communiquer avec lui dans ces moments de colère contre cette vie qui ne répond pas à ses désirs : « Nous savons. Tu n'es pas content. Difficile de ne pas faire ce qu'on veut ! »

LES PARENTS — Mais vous nous avez dit que parler tout le temps à un enfant n'était guère rentable, que, de toute façon, ils ne comprenaient pas toutes nos paroles…

LE THÉRAPEUTE — Entre parler tout le temps à un enfant comme s'il était adulte et ne jamais lui adresser un mot, là encore c'est une question de mesure… ni tout l'un… ni tout l'autre…

LES PARENTS — Alors, comment faire ?

LE THÉRAPEUTE — Il est bon de donner des mots aux comportements de l'enfant et surtout à ce qu'il ressent émotionnellement. Même s'il ne comprend pas le sens du langage quand il est trop petit, il entend notre langage « non verbal », notre façon de dire les choses, cela l'incite à lui-même parler et plus tard à comprendre notre point de vue…

Pour simplifier, je dirais que la « musique » de votre communication est très importante jusqu'à l'apparition des premiers mots… C'est pour cela qu'il faut toujours appuyer nos propres gestes éducatifs par des paroles, mais, je le répète, sans rentrer dans des conciliabules sans fin dès que l'on demande ou exige quelque chose de notre tout-petit. Ce n'est pas la communication qui aide l'enfant à mieux accepter les frustrations de la réalité mais bien les interdits, les limites, les demandes que fixent les parents. Mais ne pas accompagner ces exigences par des mots reviendrait à faire un « dressage » qui perdrait, bien sûr, toute humanité.

➤ *Lui apprendre le « sentiment de frustration »*

En prenant l'habitude des échanges avec ses parents, le petit enfant va désormais inclure toutes sortes de ressentis : Les « Content ! », « Pas content ! » deviennent peu à peu le signe qu'il vit quelque chose de plaisant ou de déplaisant. L'agréable et le « frustrant » sont désormais une expression normale des sentiments de l'enfant. Le déplaisant perd son statut d'insupportable, il fait partie de la vie émotionnelle de tout humain et l'enfant, même tout-petit, en fait l'expérience au quotidien. C'est bien pour cela que le parent se doit de faire vivre un maximum d'expériences heureuses à son enfant et susciter ainsi une bonne confiance en soi et une estime de soi au diapason. Mais il se doit également de le « frustrer » pour lui apprendre, graduellement s'entend, que la volonté de rester dans un principe de plaisir premier ne peut faire autrement que s'équilibrer avec les aléas du principe de réalité.

➤ *Reconnaître les émotions négatives de son enfant*

Pour les tout-petits, le jeu est le terrain idéal pour évaluer leurs réactions émotionnelles. Même dans un contexte de plaisir, l'enfant va se heurter à un monde parfois hostile. Devant une adversité quelconque, il peut soit la craindre, soit la fuir, soit la refuser. Plus tard, lorsqu'il grandit, ses réactions peuvent générer des émotions négatives adéquates ou inadéquates : fuir, anticiper ou agresser. Reconnaître les réponses émotionnelles de notre enfant peut favoriser, pour le futur, de nouvelles stratégies de résolution plus adaptées.

Événement « activant »	Comportement de l'enfant	Émotion
Il voulait prendre le jouet d'un autre tout-petit.	Il pleure.	Frustration.
Il voudrait le jouet du petit copain.	Il le regarde et attend.	Anxiété.
Il va jouer avec les autres.	Il n'ose pas intégrer le groupe.	Anxiété.
Il joue avec les autres.	Il fait la tête quand il ne décide pas du jeu...	Frustration.
On lui prend son jouet favori.	Il hurle et agresse l'autre enfant.	Colère.
Il veut récupérer son jouet.	Il attend qu'on le lui redonne.	Anxiété.
Il veut qu'on lui achète un jouet.	Il hurle pour nous faire « céder ».	Colère.
Il vient de casser un jouet.	Il pleure, c'était son jouet favori.	Tristesse.
Il brise un jouet après une « sanction » parentale.	Il crie, menace d'en casser d'autres.	Colère.

➤ *Les émotions négatives adéquates de l'enfant*

Plus le langage de l'enfant devient élaboré, plus il nous est possible, à nous les parents, de « sous-titrer » en quelque sorte ses réactions émotionnelles. L'objectif est non seulement de le familiariser avec son tempérament mais aussi et surtout de l'aider à reconnaître ce qui distingue une émotion adéquate, même négative, d'une émotion inadéquate. Nous savons tous ce qu'est une émotion positive, il est facile de dire à son enfant qu'il est « heureux », « content », « joyeux », « aimable » C'est beaucoup plus dur d'évoquer les sentiments négatifs tant nous avons tendance à toujours faire l'amalgame et à les diaboliser : l'enfant apprend alors qu'il n'est pas bon de ressentir ces émotions-là. Et nous risquons de le conforter, malgré nous, dans sa quête incessante du plaisir.

➤ *De la bonne anxiété aux peurs irrationnelles...*

Nous pouvons nous autoriser à dire à notre enfant ce qui nous semble être une émotion justifiée et ce qui nous paraît démesuré, « irrationnel ». Ainsi, lorsque surgissent des situations nouvelles qui peuvent, à juste titre, susciter une certaine peur, il est bon de partager cette émotion avec l'enfant. Que ce soit une anxiété normale : quand il va découvrir, par exemple, le vide, le bruit des embouteillages, les mouvements de foule, l'obscurité soudaine ou se retrouver seul. Lui dire : « Je vois bien que tu as un peu peur, mais, tu sais, c'est la première fois que tu vis ça et tu verras, tu vas t'habituer » peut lui faire comprendre que s'il est commun de craindre le nouveau, les expériences répétées de la vie auront soin de le rendre moins peureux. Voir son enfant tremblant de peur à chaque nouveauté et ne lui prodiguer qu'un « N'aie pas peur, c'est rien... » lui indiquera le futur chemin à suivre : cacher son ressenti.

En revanche, si notre enfant manifeste tout un cortège de comportements et d'émotions anxieux pour de toutes petites choses, il est souhaitable de « confronter » immédiatement ses peurs irrationnelles. Dire bonjour ou demander quelque chose à un autre enfant, aller faire un achat tout seul, jouer à un nouveau jeu ne reflètent aucun danger réel et il sera toujours bon de lui dire : « Je sais que tu n'aimes pas faire cela, mais il ne va rien t'arriver ! » L'accompagner dans un premier temps pour l'obliger à faire ce qu'il voudrait éviter et le solliciter progressivement à faire tout seul est une bonne façon de le désendoctriner de ses peurs irrationnelles. Il en est de même pour des petites aversions qui peuvent s'amplifier et devenir plus tard de véritables phobies. Très vite, le parent doit assurer l'enfant que le petit insecte, l'animal ou la situation (aller dans l'eau, prendre un ascenseur...) en cause ne sont pas dangereux en lui apprenant graduellement à les affronter.

➤ *Distinguer bonnes colères et sentiments de frustration...*

Il est tout aussi important que l'enfant apprenne à distinguer une « bonne colère » d'une crise de colère qui révèle le plus souvent une intolérance aux frustrations. Oui, il est légitime de se défendre de l'agressivité d'un autre enfant, de n'être pas content du tout de voir que l'environnement résiste parfois trop. En revanche, il est bon de lui dire aussi que la colère est disproportionnée quand elle est déclenchée par quelque chose de tout à fait mineur. Selon notre interprétation adulte, l'enfant va apprendre que les « colères justes » sont rarissimes et que ses crises de colère sont excessives et ne règlent jamais le problème : « Tu hurles parce que tu ne veux pas aller te coucher... Tu cries pour continuer de jouer... Tu pleures pour arrêter de marcher ou parce que tu ne peux pas attendre un goûter... » Le parent reconnaît la « colère caprice » de l'enfant, mais lui enseigne qu'elle ne résoudra rien. La colère est souvent stérile quand une « demande » moins émotionnelle a plus de chances d'aboutir. Et l'enfant apprend aussi que si son ressenti est douloureux, la frustration est une émotion tout à fait normale et très fréquente !

➤ *Les enfants hyperémotifs...*

Nous ne sommes pas tous égaux devant la nature. Certains enfants « ressentent » plus que d'autres. Et votre enfant va lui aussi se rendre compte qu'il a tendance à pleurer plus facilement que le petit frère ou la petite copine. Notre rôle, une fois de plus, est de lui faire comprendre que sa réaction est normale, « même si les autres réagissent différemment », mais qu'il faudra atténuer tout cela avec le temps. Faire comprendre à son enfant que ce n'est pas de la « fragilité », qu'il n'est pas « moins fort que », mais que son hypersensibilité lui joue parfois des tours. Lui rappeler aussi que cette émotivité lui donne le talent d'imaginer des choses quand il joue, de rêver quand il est seul, de faire attention aux autres quand il les voit malheureux. Et peu à peu, pour qu'il s'accepte mieux, nous pourrons lui parler aussi du revers de la médaille dans sa façon de recevoir les choses, de sa sensibilité, de sa singularité qui, si elle lui procure des plaisirs, lui apporte aussi des frustrations.

➤ *Vers l'acceptation de soi...*

L'enfant apprend donc peu à peu qu'il a des réactions émotionnelles et que c'est tout à fait normal. Grâce à la médiation du parent, il n'est pas seul pour les gérer. Quelqu'un sait écouter ses émotions, les comprendre, les canaliser. Et quand le parent lui fait revivre ce qui s'est passé en distinguant ce qui est un « ressenti » adéquat ou non, il apprend à reconnaître les émotions disproportionnées, première étape pour se tempérer, pour une bonne gestion émotionnelle. Peu à peu, l'enfant « sait comment il réagit », il accepte ses déviances et prépare l'avenir car l'acceptation de ses propres réactions émotionnelles est bien souvent la grande absente des dysfonctionnements adultes. Combien de personnes se reprochent et se dénigrent d'avoir réagi de telle ou telle façon, comme si elles ne pouvaient que « nier » leur tempérament premier.

Certains profils colériques trouvent insupportables d'être en colère pour des choses insignifiantes de la vie... Se dire « Je ne devrais pas me mettre dans cet état pour si peu... » renforce des sentiments de dévalorisation et de colère contre soi, là où la simple acceptation de « ce que je suis » (mon tempérament) peut inciter au « comment faire pour tempérer mes colères ».

De la même façon, certaines personnes très anxieuses ne cessent de s'autoflageller pour leurs réactions angoissées devant un petit aléa de la vie « alors que les autres n'ont jamais peur de rien... ». Le simple fait de se reconnaître de tempérament anxieux indique la sortie de secours : comment faire pour cesser d'« angoisser », ce qui est une émotion trop forte, et devenir tout simplement inquiet ? Une fois de plus, l'acceptation de son état, « Je suis un(e) anxieux(se) », est la première étape pour transformer l'angoisse en une émotion négative plus appropriée.

Ce « Voilà ce que je suis » qui conduit à un positif « Donc voici ce que je peux changer, tempérer, améliorer ou non... » peut, selon mon hypothèse, s'apprendre dès le plus jeune âge.

L'acceptation de soi n'est pas le simple constat de ce qui « est » avec la volonté quasi stoïque de rester figé dans cet état-là. L'acceptation est cette reconnaissance de ce qui « est » pour envisager de modifier ou non les choses. Lors de réunions de « guidance parentale » – les professionnels actuels parlent de « coaching parental » –, lorsque je pose cette question aux parents : « Qu'avez-vous dit quand votre enfant "angoissait" ou "faisait une grosse colère" ? », voici quelques réponses et récits qui illustrent bien notre propos.

➤ *« Coacher » l'angoisse...*

Pierre et Nathalie sont les parents du petit Marco, 3 ans.

LES PARENTS — Marco était pris d'une énorme crise d'angoisse au moment du coucher... des pleurs, il suffoquait presque... Nous sommes venus près de lui, lui avons expliqué que nous étions très fatigués, nous ne pouvions pas rester près de lui... Nous lui avons dit aussi que nous comprenions qu'il n'était pas content et même qu'il ait un peu peur d'être tout seul... Puis nous avons pris sa peluche, l'avons coincée près de sa tête et avons conclu par un « Dès que tu seras endormi nous reviendrons pour le bisou de la nuit... »

Et les parents du petit Marco d'ajouter qu'il avait encore un peu pleuré et qu'après un dernier « On fera le bisou dès que tu dors... », il s'était peu à peu assoupi... Ils n'ont pas eu besoin de comptines à répétition, ni de céder à ses demandes de les rejoindre dans leur chambre, ils ont reconnu ce moment délicat pour lui et n'ont renvoyé que la réalité : il y a une heure pour dormir, même si c'est difficile. L'anxiété demande compréhension, écoute et fermeté.

➤ *« Coacher » la colère...*

Frédéric et Pauline ont une petite Séverine de 2 ans très « colérique ».

LES PARENTS — C'étaient toujours des crises dès qu'elle devait cesser de jouer... elle pouvait aller jusqu'à casser des jeux, lancer des objets dans sa chambre, une vraie furie... Nous lui avons dit ce que vous nous avez appris : « Tu n'es pas malade, tu as eu des câlins, on t'aime ! Donc tu nous fais une comédie parce que tu n'aimes pas arrêter de jouer quand on te le demande... Tu n'es pas contente mais si tu continues de crier, tu sais ce qui va arriver !... » Et elle savait que, depuis peu, nous ne tentons plus de parler sans cesse du pourquoi et du comment de ce qui se passe et que, si elle n'arrête pas, elle sera privée du DVD pour enfant qu'on a l'habitude de lui laisser regarder juste avant le coucher...

Les parents de Séverine qui avaient l'habitude d'interpréter ses colères savent désormais que si rien ne les justifie dans la réalité, il peut s'agir tout simplement d'une « colère intolérance aux frustrations » et que le seul moyen de stopper cette émotion-là est d'intervenir très fermement. La colère excessive de l'enfant demande compréhension, fermeté et sanction.

➤ *L'émotion ne définit pas l'enfant mais sa façon d'être...*

Dans les deux cas, les parents ont bien compris qu'il fallait « nommer » l'émotion, la reconnaître et agir en conséquence et ne pas forcément la condamner d'office avec des réflexions du style « Tu es vraiment un sale gosse... », « Que de drame pour pas grand-chose ». L'enfant fait vite l'amalgame entre le comportement ou l'émotion qui lui sont reprochés et sa valeur. « Puisqu'on refuse ma colère, c'est qu'on ne m'aime pas... », « Si c'est stupide d'avoir des angoisses, c'est que je ne vaux pas grand-chose... »

Dire à l'enfant ce qu'il ressent l'aide à comprendre pourquoi il se sent si tendu, énervé. Mettre un nom sur un ressenti facilite la compréhension et sécurise l'enfant qui, parfois, s'effraie tout seul et renforce des attitudes négatives parce qu'il est dans la panique émotionnelle de ne pas savoir ce qui se passe en lui.

Cela aide aussi beaucoup d'enfants à accepter certains dysfonctionnements dus à leur tempérament. Ainsi, un enfant qui semble « anxieux » ne comprend pas ce qui lui arrive quand il souffre d'une peur excessive (par exemple, aller rejoindre un groupe d'enfants pour jouer) et sa « panique » peut accentuer les sentiments de peur et surtout son refus d'être ainsi au regard des petits copains plus confiants ou téméraires. Si, en revanche, ses parents lui ont expliqué que sa grande sensibilité lui cause quelques désagréments, comme la peur des autres, et que tout va s'arranger avec l'expérience de la vie, l'enfant voit bien que ce n'est pas un état statique, une angoisse rédhibitoire. Il sait désormais que sa « fragilité » peut se tempérer au fil des années. Il peut apprendre aussi et les parents hésitent à le faire que ses réponses émotionnelles sont bien sa façon d'être et qu'il sera toujours sensible, émotif parce qu'il « est » comme cela. L'éducation est donc subtile puisqu'il s'agit, d'un côté, d'encourager son enfant à dépasser des réactions excessives et, d'un autre côté, de lui faire accepter une susceptibilité génétique qui risque bien, au final, de perdurer. L'acceptation de soi passe par certains constats, mais ne doit jamais fixer l'enfant dans une sorte de déterminisme : tu es de tel ou tel tempérament, mais tu peux apprendre à mieux répondre émotionnellement quand ton ressenti semble disproportionné et te fait souffrir. Et puis, nous apprendrons à l'enfant que certaines émotions dites anxieuses sont de belles émotions : l'anxiété peut être positive pour soi par son souci d'anticiper, de bien faire, de ne pas prendre n'importe quel risque dans la vie, et positive pour les autres dans son souhait de les respecter, de ne pas les heurter, de leur montrer de l'empathie. Dans un contexte particulièrement individualiste, il est bon de ne pas annuler l'anxiété.

➤ *Accepter…*

LES PARENTS — On nous a souvent dit qu'il fallait tout faire pour qu'il sorte vainqueur d'une difficulté… et que, parfois même, il est utile de calmer notre enfant en lui proposant une autre activité.

LE THÉRAPEUTE — Et renforcer ainsi, sans le savoir, son principe de plaisir immédiat… Non, même si l'enfant est parfois malheureux, il doit aussi apprendre que la réalité est parfois plus forte que nous.

Oui, il est bon de montrer à l'enfant qu'une certaine maîtrise est possible, c'est le « *Yes we can* » des Américains, et cela apporte certainement de grands bénéfices côté optimisme et volonté de vaincre les adversités. Mais il faut aussi que l'enfant apprenne que parfois il ne pourra pas changer la face du monde et qu'il doit s'armer pour « encaisser » les frustrations de la vie… C'est ce que j'appelle l'« acceptation ».

Que peut faire un « *Yes we can* » devant le fait qu'il ne plaira pas forcément à tel enfant qu'il veut pour ami ? Et que dire des futurs chagrins d'amour ? Pourra-t-il être toujours le premier en classe, dans ses choix scolaires ou professionnels ? Et que ressentira-t-il quand la réalité le frappera encore plus fort avec la maladie, la perte d'un proche ?

Le curseur est bien à mettre au milieu : entre le fatalisme de nos cultures européennes d'antan et un monde virtuel que l'on pourrait maîtriser quand on veut, les parents se doivent d'enseigner la bonne mesure. Accepter, ce n'est pas renoncer, subir, c'est devenir « rationnel », réaliste : « La vie "est", que puis-je ou non y changer ? »

➤ *Trouver des objets de médiation émotionnelle*

L'objet de médiation est tout simplement un moyen que nous allons utiliser pour que l'enfant exprime ses émotions. Les tout-petits savent bien s'autoréguler par leurs jeux : nous savons tous qu'un enfant va gronder sa peluche ou sa poupée après avoir subi quelques remontrances parentales. Cet effet cathartique du jeu n'est plus à décrire. L'enfant, dans le monde virtuel du jeu, « rejoue » tous ses minidrames quotidiens et c'est bien ainsi. C'est pour cela qu'il doit toujours avoir des moments bien à lui où il peut imaginer, rêver, créer. *A contrario*, l'incessante stimulation de l'environnement l'empêche de « jouer » sa vie et de trouver ses propres solutions.

Nous ne pouvons pas toujours dire nos émotions, nos expériences, ni « parler » l'émotionnel que ressent notre enfant. Pour nous aider, n'hésitons pas à lire des histoires où nous mimerons les différentes réactions des personnages. Il est souvent plus facile de décrire la colère ou la joie d'un héros de bande dessinée ou d'un petit film.

➤ *Télévision pour les tout-petits ?*

Nous avons assisté à une importante controverse sur le bien-fondé ou non de programmes de télévision spécifiques aux enfants. La levée de boucliers qui suivit l'apparition, en France, d'une chaîne de télévision pour petits enfants a traduit le refus d'utiliser ce moyen de communication pour leur éducation (et surtout pour le public visé par cette chaîne, les moins de 3 ans).

S'il est évident que la télévision ne peut remplacer la relation à l'être humain ni se substituer à l'expérience propre de l'enfant avec les jeux, les échanges, les découvertes, il est inutile de la diaboliser. Accompagné d'un adulte, l'enfant, même en dessous de 3 ans, peut regarder des petits programmes ludo-éducatifs adaptés à son âge. La télévision, si elle propose des émissions adaptées (séquences très courtes, peu bruyantes, peu colorées, peu rythmées) peut s'avérer un bon moyen pour que l'enfant apprenne avec ses parents. Dans la reconnaissance des émotions, il est parfois plus efficace pour le parent de montrer un animal ou un héros de feuilleton en pleurs ou pris d'un fou rire pour faire comprendre à l'enfant les différents registres émotionnels. Et vous l'avez compris, regarder la télévision, c'est avant tout le faire avec son enfant et non pas le laisser seul aux mains d'une pseudo-nourrice. La télévision ne peut remplacer la médiation des parents entre la réalité et l'enfant. Elle peut toutefois se révéler aussi éducative qu'un petit livre d'histoires ou que certains jouets. Pour ce faire, l'adulte doit prendre soin d'être celui qui traduit les images, provoque les observations, parle les émotions des personnages, transpose les situations avec le quotidien et décide, surtout, d'en faire non pas une activité solitaire et habituelle mais un « objet de médiation », en clair un moyen d'éduquer.

Il n'y a pas que les histoires ou les « fictions » de la télévision (et des livres bien sûr), les arts (la musique, le dessin, la peinture, la danse...) sont un bon théâtre pour évoquer tout le domaine émotionnel.

➤ *Les émotions positives rendent heureux...*

J'ai évoqué ci-dessus l'expression de sentiments négatifs, cependant, il est toujours bon de ne pas s'appesantir sur les expériences négatives des enfants. Elles sont certes importantes, mais doivent céder le pas devant les moments positifs. Car, en ne relevant que ce qui se passe mal, nous risquons d'apprendre à l'enfant que la vie n'est que souffrance et dureté et d'en faire un enfant trop « tolérant aux frustrations », ce qui est tout aussi handicapant qu'une faible tolérance à ces mêmes frustrations ! Il est sain de développer chez l'enfant des sentiments positifs en valorisant tout ce qui se passe bien dans sa vie : tenir compte de ses expériences positives où chaque curiosité, chaque exploration sera non seulement favorisée mais parlée et reconnue ; écouter son enfant dans ses rêves et ses projets ; le stimuler à avoir des objectifs. Tout cela participe à générer des émotions positives et à rééquilibrer ou dépasser les inévitables émotions négatives liées aux aléas de la vie. Même pour un tout-petit, avoir un objectif et tout faire pour le réussir lui prouve qu'il est possible de s'accommoder au réel et non de toujours le subir.

➤ *Ne pas être trop compatissant*

Dans le domaine des sentiments, tout est toujours affaire de dosage et il est judicieux de ne pas tout centrer sur les émotions de l'enfant. Être un parent trop *compatissant* peut avoir l'effet inverse de ce que nous espérons : nous pouvons le rendre encore plus *hypersensible* à son environnement. S'il est donc souhaitable de « parler » les émotions et de ne pas mettre un couvercle systématique sur le ressenti de nos enfants, il est bon de parfois négliger certaines réactions émotionnelles...

LES PARENTS — De lui dire qu'il réagit trop ?
LE THÉRAPEUTE — En tout cas, lui renvoyer que ce qu'il vient de vivre est normal et de ne pas trop en rajouter... « Tu t'es cogné la tête, ça fait mal... » On frotte un peu ou on fait un « bisou miracle » et on passe à autre chose...
LES PARENTS — Vous voulez dire que là ce n'est pas nécessaire de l'aider à dire ce qu'il ressent ?
LE THÉRAPEUTE — Lui montrer que l'on a compris qu'il avait mal mais ne pas en faire une discussion d'une heure... En revanche, quand l'enfant manifeste une émotion parce qu'il vient de vivre quelque chose de pas banal, c'est là qu'il faut communiquer plus longuement...
LES PARENTS — Mais comment reconnaître le « banal » de l'important ?
LE THÉRAPEUTE — Notre bon sens doit entrer en jeu. Est-ce justifié de « parler » une émotion pour une petite adversité ? Par exemple, si notre enfant doit faire une sieste, il suffit de lui dire : « Tu voudrais encore jouer mais ce n'est pas possible. » S'il hurle parce qu'il vient de voir une araignée, nous pouvons prendre plus de temps pour lui dire que l'on a compris sa peur mais qu'il n'y avait pas de réel danger, lui dire que nous sommes là et qu'il est de toute façon protégé.

Et c'est tout le problème de la reconnaissance des émotions de l'enfant tout en éduquant, tout en lui apprenant les meilleures réactions possibles pour lui et son entourage. Quand un enfant est en colère, avant de lui dire de se calmer, il est opportun de lui montrer que nous prenons en compte sa réaction : « Tu n'es pas content, je ne peux pas jouer avec toi tout de suite… » Mais cela ne doit pas empêcher d'être un peu plus incisif s'il continue à avoir une colère disproportionnée, s'il fait preuve d'un réel caprice : « Tu ne peux pas te calmer, tu te mets dans des états pas possibles, je vais te remettre au lit… » Dans ce cas, son mécontentement n'est pas nié, il apprend simplement que sa réaction est démesurée puisque les adultes ont décidé de couper la relation en le remettant dans son lit. Quand il est en âge de comprendre ce qu'on lui dit, il sera plus simple de lui dire : « Tu es en colère, tu ne peux pas faire ce que tu veux mais ta grosse colère est trop forte et tu sais ce qu'on fait dans ce cas-là… tu retournes dans ta chambre. » Les mots ne suffisent pas toujours et l'enfant apprend que tout comportement inadéquat a des conséquences immédiates : un caprice vaut un arrêt relationnel.

➤ *Attention à « l'émotionnellement correct »*

Aider son enfant à exprimer ce qu'il ressent est important mais nous tombons souvent dans le piège de l'« émotionnellement correct ». En fait, selon notre propre tempérament et notre histoire personnelle, nous avons tous tendance à valoriser ou à dénigrer certaines émotions chez nos enfants. Il nous arrive de lui expliquer ce qu'il « devrait ressentir ». Ainsi, un parent particulièrement phobique risque d'être trop « empathique » dès que son enfant va s'inhiber dans les contextes que lui-même fuit (peur d'une araignée par exemple) et, par là même, risque de « renforcer » son enfant dans ses sentiments de peur exagérée au lieu de lui apprendre à relativiser le danger. Tel autre parent de tempérament agressif peut, sans s'en rendre compte, valoriser les actes offensifs de sa progéniture alors qu'il serait souhaitable de réguler certaines de ses colères. Pour ramener les réponses émotionnelles de nos enfants à des proportions plus réalistes, il est souvent souhaitable de bien connaître nos propres réactions. L'idéal est bien d'accepter en premier lieu l'émotion de notre enfant, de ne pas la juger ou la dévaloriser, pour, ensuite, lui apprendre à la tempérer si elle est excessive.

LE THÉRAPEUTE — Pour reprendre la peur d'un tout-petit à la vue d'une araignée, certains adultes, qui n'en ont jamais eu peur, vont dire : « N'aie pas peur, ce n'est qu'un insecte minuscule. »

LES PARENTS — Et, dans ce cas, on ne lui apprend pas à « relativiser » son émotion ?

LE THÉRAPEUTE — On lui apprend que son émotion n'est pas justifiée… alors que si on accepte le fait qu'il ait peur, on lui renvoie que c'est une réaction normale, humaine. Mais, comme je l'ai déjà dit, dramatiser sa peur ou lui montrer trop de compassion peut exacerber sa réaction. En fait, c'est le : « Tu as le droit d'avoir des sentiments et nous sommes là, nous les adultes, pour t'entendre et te réconforter, pas pour te dire ce que tu dois ressentir ou non. »

LES PARENTS — Mais quand l'enfant fait une grosse colère, nous pouvons tout de même lui dire que ce n'est pas bien de réagir violemment parce qu'il n'a pas obtenu tout de suite ce qu'il voulait ?

LE THÉRAPEUTE — Oui. Mais avant de lui dire qu'il est temps de se calmer, il est toujours opportun de lui montrer que l'on a compris ce qu'il ressentait.

L'éducation des émotions ne peut se passer de l'empathie des parents.

➤ *Savoir résoudre des problèmes*

Exprimer ses émotions est une bonne sortie de secours quand l'enfant ressent un trop-plein. Il faut aussi se questionner sur le pourquoi de ses réactions émotionnelles : très souvent, l'enfant traduit émotionnellement son impuissance devant les aléas de la réalité. Qu'il les accepte est sans doute une très bonne chose, mais l'armer pour vaincre certaines adversités de la vie quotidienne doit être pris en compte pour agir « en amont ». L'enfant exacerbe ses émotions quand il se sent impuissant devant les difficultés de la réalité. Rien de bien nouveau. Nous-mêmes, les adultes, connaissons tous ces moments de spleen ou de colère quand nous ne pouvons réaliser nos objectifs. Ainsi, il est bon de lui donner un véritable savoir-faire pour appréhender certains obstacles de la réalité. Les Anglo-Saxons appellent cela des techniques de « coping » ou « savoir-faire avec ». Quand l'enfant se heurte à une difficulté, nous pouvons déjà lui transmettre nos propres expériences, ce que nous avons fait pour résoudre certaines difficultés et réaliser nos projets…

LES PARENTS — Oui, mais une fois encore, cela semble plus facile avec les plus âgés… dire à un enfant de 6 ans que la lecture n'est pas facile mais qu'avec beaucoup de répétition il peut y arriver…
LE THÉRAPEUTE — Ou dire à un adolescent comment on s'est sorti d'un chagrin amoureux… Pour l'enfant, cela est toujours plus facile s'il possède le langage : « Tu vois, en empilant ces cubes, tu peux faire une maison… » Je crois tout de même qu'un tout-petit peut apprendre à ne pas se décourager si on l'aide dans ces moments où rien ne marche comme il veut…
LES PARENTS — En l'aidant à trouver le bon morceau de puzzle par exemple ?
LE THÉRAPEUTE — Oui, par modèle une fois de plus, l'adulte lui montre qu'il y a une solution mais il faudra bien sûr l'inciter progres-

sivement à faire ses propres choix… Je t'ai montré, maintenant tu peux trouver tout seul…

L'essentiel est que l'enfant voie qu'il peut avoir une certaine maîtrise sur le réel. Beaucoup diront que si c'est l'adulte qui fait à sa place, cela ne sert à rien si ce n'est à le mettre encore plus en position de dépendance. Cela est vrai si l'adulte se substitue constamment à l'enfant dès qu'il rencontre la moindre difficulté. Cela n'est plus le cas quand l'adulte est là pour « montrer » un savoir-faire et l'encourager ensuite à faire de lui-même. L'idéal reste la propre découverte de l'enfant qui trouve par ses nombreux essais-erreurs comment résoudre une difficulté présente, c'est la fameuse « accommodation » de Jean Piaget : l'enfant va découvrir lui-même des solutions à ses problèmes, et se créer des « schémas » de résolution qui vont de nouveau se heurter à de nouvelles difficultés pour s'adapter et ainsi de suite. Certes, cette façon de faire est à encourager, mais quand le tout-petit ne peut pas de lui-même trouver la solution à son problème, il est bon que l'adulte présent l'aide. L'adulte est celui qui « sait » mieux que lui « la » réalité.

Favoriser l'autonomie de son enfant est une priorité incontournable mais, s'il échoue, à quoi bon le laisser redécouvrir la roue ? C'est le grand débat entre le laisser seul explorer le monde ou exercer cette « médiation parentale » entre lui et la réalité. Je défends bien entendu une éducation qui permet à l'enfant d'expérimenter seul mais l'aide aussi quand il est bloqué par le réel. Encore et toujours ce souhait de placer le curseur au milieu !

L'adulte est bien celui qui favorise l'autonomie de l'enfant et le laisse faire ses expériences mais il est surtout là pour être « actif » dans l'organisation même de son environnement : être celui qui propose tel ou tel jeu ou activité et qui sait ce qu'il est possible de faire ou non, être celui qui stimule tel ou tel comportement et aussi celui qui interdit telle ou telle attitude.

La médiation adulte, l'éducation, entre l'enfant et son milieu ne peut être passive.

LE THÉRAPEUTE — Il est souvent très important que ce soit le parent qui montre à son enfant un certain mode d'emploi quand il le voit refaire les mêmes erreurs sans succès.

LES PARENTS — Vous voulez dire de montrer à l'enfant une sorte de « méthode » ?

LE THÉRAPEUTE — Tout à fait, et cela lui éviterait de s'entendre dire plus tard ce fameux « Sois plus méthodique, organise-toi ! » Être méthodique, cela s'apprend… Savoir réduire une tâche en petites étapes pour ne pas se décourager, persévérer, expérimenter des jeux de résolution de problème, apprendre à « peser le pour et le contre » quand il faut faire un choix…

➤ *Une pensée positive ?*

Cette aide parentale ou adulte, pour que le tout-petit arrive à résoudre certains problèmes et à remplir certaines tâches, l'emporte progressivement sur tout ce qui ne marche pas. Cela participe aussi au développement d'une véritable pensée positive. En vivant positivement certaines expériences, l'enfant apprend les « Je peux le faire ! », « Ce n'est pas si dur ! » qui vont dominer ses « J'y arriverai pas ! », « C'est trop dur ! ». Cette culture de la pensée positive a des petits relents de « conditionnement » qui heurtent notre culture. Nous aimons tous obtenir des résultats avec notre réflexion et nous sommes rétifs à cette sorte d'autoconditionnement. Et pourtant, que nous disons-nous quand nous sommes devant une difficulté apparemment insurmontable ? Les mots qualifient la situation envisagée ou le problème à résoudre et certaines phrases clefs peuvent vraiment nous aider à penser différemment les événements. C'est notre façon de penser qui influence notre perception des choses.

➤ *Parents… Savoir donner le la optimiste de la vie !*

Sans être parfaits, il est souhaitable de montrer notre optimisme à nos enfants : notre façon de vivre, d'évaluer les problèmes, d'évoquer ce qui se passe bien ou non est d'une réelle importance. Nous donnons à l'enfant les clefs pour envisager la vie de façon optimiste ou pessimiste. Bien sûr, il se fera sa propre histoire avec ses nombreuses expériences et ses rencontres mais donner ce ton positif est parfois salutaire pour bien démarrer la vie du tout-petit. Il est toujours recommandé de parler du bon côté des expériences…

LES PARENTS — Oui, mais nous, les parents, nous avons aussi beaucoup de soucis et ce n'est pas facile de voir les choses constamment en positif !

LE THÉRAPEUTE — Pas question de bluffer l'enfant. Lui vendre un monde idéal sans frustrations n'est pas la meilleure façon de l'aider. Mais tenter de toujours voir le positif des choses est important.

LES PARENTS — Comme dire que l'on est content d'avoir eu des nouvelles de sa famille ?

LE THÉRAPEUTE — Oui, il n'est pas question de gommer ce qui se passe moins bien mais de communiquer nos expériences positives. Alors oui, parler d'une rencontre sympathique, d'une réussite au travail, d'un loisir qu'on attend avec impatience, c'est tout cela l'évocation du positif…

➤ *Exprimez vos propres sentiments !*

La meilleure façon d'apprendre à son enfant comment reconnaître ses émotions est de lui montrer et de lui expliquer nos réactions émotionnelles. Avant le partage des mots, le tout-petit a tendance à imiter les modèles proposés par ses parents. Il regarde les visages et les gestes des adultes qui l'entourent. Il va ainsi apprendre que le sourire ou le rire sont liés à des sentiments heureux, que certaines grimaces, des regards tristes ou noirs expriment un désagrément, une tristesse ou une colère.

Dès que l'enfant acquiert un langage plus performant, autour de 3 ans en général, il est bon de lui faire partager le pourquoi de nos réactions émotionnelles. Lui raconter des histoires où nous avons été les acteurs de situations stressantes peut aider l'enfant à comprendre que la vie n'est pas linéaire, qu'elle comporte bien sûr, et cela domine, des moments heureux mais aussi, et c'est comme ça, des instants plus difficiles.

LES PARENTS — Vous nous avez souvent dit qu'il n'était guère utile de « tout dire » aux enfants, que chacun doit rester à sa place…

LE THÉRAPEUTE — Parler à son enfant de son vécu émotionnel, ce n'est pas partager avec lui toutes nos histoires d'adultes. Mais montrer à son enfant que, nous aussi, nous bataillons avec nos émotions, en lui relatant certaines histoires vécues, peut l'aider à mieux comprendre que toutes ces réactions qu'il a du mal à comprendre et qui, parfois, lui font peur, font aussi partie de la vie de tous les jours.

LES PARENTS — C'est facile de parler de moments heureux et de dire à nos enfants ce qui nous a procuré de la joie : une belle musique, une visite chez des amis, un achat attendu… Mais pour les choses désagréables ?

Nous voulons toujours préserver nos enfants du « désagréable » et c'est tout à fait légitime. En faisant cela, nous risquons de le maintenir artificiellement dans un monde virtuel où tout n'est que joie, abondance et plaisir. Lui témoigner que nous aussi, adultes, avons des sentiments parfois négatifs, c'est le convaincre que ces émotions désagréables ou que certains états d'âme font aussi partie de la réalité émotionnelle.

LE THÉRAPEUTE — Sans envahir l'enfant avec nos soucis, pourquoi ne pas lui dire que l'on a eu peur quand on l'a vu s'étouffer en mangeant ? Pourquoi ne pas parler d'une certaine anxiété quand on attend des nouvelles de parents proches partis en vacances ? Pourquoi, ne pas exprimer son mécontentement quand on a du mal à réaliser une tâche quelconque comme du bricolage ? Pourquoi ne pas dire que l'on est « frustré » quand le journal que l'on voulait acheter n'est plus en kiosque ?

➤ *Les parents aussi ont des émotions négatives inadéquates !*

Évoquer ce qui stimule nos émotions aide l'enfant à non seulement comprendre que l'émotionnel, surtout le négatif, est naturel mais aussi qu'on peut « parler » l'émotion pour mieux la contrôler. Il voit, en modèle, ce que l'adulte fait pour réguler sa vie émotionnelle.

Rassurez-vous, il ne s'agit pas d'être toujours distancié et de devenir « zen » dès qu'il nous arrive quelque chose de fâcheux. Il nous arrive de « péter les plombs » ou d'être victimes d'angoisses ou de tristesses non maîtrisées et notre enfant peut en être le témoin. Même si cela n'est pas forcément l'idéal, il apprend tout de même que nous sommes faillibles et nous pouvons lui expliquer que notre hyperémotivité, dans ces moments-là, n'était pas adéquate, mais que cela arrive. En revanche, c'est en nous efforçant de parler certaines situations émotionnellement chargées que l'enfant va savoir que nous sommes parfois excessifs mais que nous nous efforçons de parler certaines frustrations de la vie. Bref, il entre dans une acceptation inconditionnelle des réactions humaines…

Deuxième étape vers l'acceptation de soi : l'apprentissage de la réalité…

Vous l'avez compris, lorsque notre enfant éprouve des émotions qui nous semblent excessives, notre premier réflexe est de lui redonner de la réalité. L'enfant ne perçoit pas toute la réalité, il ne peut de lui-même savoir si une mouche est aussi dangereuse qu'un serpent venimeux. Il ne « sait pas » le réel et c'est notre fonction de lui transmettre ce que nous savons de lui. Lorsque le parent instruit l'enfant de toute une réalité qu'il ne peut entrevoir, il l'aide à retrouver une nouvelle « représentation », ce qui facilite par là même un nouveau « ressenti ».

« Il est donc possible de modifier le sentiment intime d'une personne en agissant sur les récits qui l'entourent, sur ce qui est dit autant que sur la manière de le dire. La rhétorique, en donnant une forme verbale et gestuelle aux événements qu'elle raconte, structure l'intimité des individus[1]. » Et je crois fermement que c'est tout d'abord au parent d'aider l'enfant à « disputer » l'enracinement irrationnel de certaines « croyances ».

Pour l'enfant, une mauvaise « représentation » de la réalité est de croire en son « omnipotence », en son « hypercompétence ». Une « bonne représentation » de la réalité est de trouver l'équilibre entre ce que l'on « est », ce qu'il est possible de faire et ce qu'on ne peut qu'accepter de ne pas pouvoir faire.

Nous ne sommes pas toujours présents quand notre enfant peut subir une réalité parfois négative. Il nous faut être vigilants et l'aider à « parler » les événements pas toujours sympa-

1. B. Cyrulnik, *Autobiographie d'un épouvantail*, Paris, Odile Jacob, 2008, p. 15.

thiques qu'il a pu vivre. Le parent peut toujours ajouter de nouvelles informations sur le réel de l'enfant car lui seul a les capacités de comparer, de comprendre, de conseiller, de relativiser. Il est souvent crucial que l'enfant voie les choses telles qu'elles se sont passées, non pas pour entériner les faits mais pour mieux les évaluer. Ce n'est pas qu'un constat, c'est une « reconnaissance de ce qui est » pour mieux « faire avec » ou même agir et penser différemment l'événement.

L'enfant commence à se connaître dans ses « forces et faiblesses », il sait qu'il ne peut pas tout faire mais se sent capable, avec ses atouts, de vivre avec le principe de réalité. L'émotion peut apporter beaucoup de positif si elle est savamment régulée. Elle participe au sentiment de soi et à l'acceptation de soi, mais il nous faut encore travailler : plus il va quitter la maison et plus l'enfant va se heurter à ce fameux principe de réalité. Notre rôle, une fois de plus, sera de lui faire prendre conscience de ses capacités à affronter le monde. Il sera aussi utile de veiller à ce que, quel que soit l'événement déclencheur, notre enfant n'éprouve pas une sorte de négation de soi ou de sentiment de dévalorisation.

➤ *Qui est notre enfant ?*

Renforcer le « sentiment de soi » de son enfant, c'est reconnaître sa singularité. Sans le figer dans un quelconque déterminisme, il est bon de savoir observer qui il est vraiment : rêveur, pragmatique, créatif, à l'aise avec les autres ou déjà d'un profil « chercheur » ? Le parent sera aussi celui qui conduit l'enfant à s'accepter et à accepter les frustrations que peuvent engendrer son physique, son tempérament, son vécu, son « histoire », ce qu'il « est », ses capacités et ses « limites de soi ».

LES PARENTS — À la maison tout allait à peu près bien… mais dès la deuxième année de maternelle, Émilie a beaucoup subi les autres…

LE THÉRAPEUTE — Subi ?

LES PARENTS — Les enfants sont méchants entre eux… Je me souviens de ce garçon d'à peine 4 ans qui traitait Émilie de Bouboule… et d'une autre petite fille qui se moquait de ses cheveux « rouges ».

LE THÉRAPEUTE — Vous ne pourrez jamais empêcher les attaques de certains petits tyrans mal élevés…

LES PARENTS — Il faut qu'Émilie accepte de souffrir ?

LE THÉRAPEUTE — L'acceptation, ce n'est pas lui forger un caractère « zen » ; souvenez-vous, « accepter » c'est « reconnaître que les choses sont comme ça ».

LES PARENTS : Ce n'est pas un peu tôt pour qu'elle devienne philosophe ?

LE THÉRAPEUTE — Nous, parents, pouvons lui montrer qu'on peut toujours agir contre l'adversité de la vie, si pénible soit-elle…

LES PARENTS — Alors comment faire ?…

LE THÉRAPEUTE — Nous allons apprendre à Émilie ses forces, ce qui va lui permettre, au mieux, d'affronter celui qui l'ennuie, au pire, de se sentir assez forte pour ne pas être submergée par ce genre d'assaut… Pour cela, il est bon de faire l'inventaire des forces et faiblesses de son enfant.

➤ *Aider l'enfant à ne pas banaliser ses forces*

Très souvent, quand un petit enfant souffre de la malveillance d'un autre enfant, je lui demande de me dire toutes ses qualités, tout ce qu'il fait à la maison et en dehors. Ce sont en général des enfants sensibles, peu centrés sur eux, qui ont du mal à retrouver « ce qu'ils font de bien ». Et pourtant, après investigation de leur quotidien, ils se décrivent comme « gentils » avec la fratrie, ils aident aux petites routines ménagères, ils pratiquent une activité et se révèlent talentueux… Ils possèdent, eux aussi, une multitude de « forces » qu'ils avaient tendance à banaliser. Je leur dis que ces « qualités » sont des petites mouches qu'ils ont progressivement gardées dans le creux de leur main et je leur demande de bien serrer le poing pour ne pas les laisser s'envoler…

L'ENFANT — Je serre les mouches dans ma main pour pas qu'elles partent ?
LE THÉRAPEUTE — Tu sais bien, tu les as attrapées une à une, ce sont toutes les choses que tu fais très bien.
L'ENFANT — C'est moi et les bonnes choses de moi ces petites mouches que je garde.
LE THÉRAPEUTE — Et il y en a beaucoup…
L'ENFANT — Oui, il y a beaucoup de mouches « bien » en moi…
LE THÉRAPEUTE — Et hier, tu m'as dit que le méchant garçon…
L'ENFANT — M'avait traité…
LE THÉRAPEUTE — Traité ?…
L'ENFANT — De gros…
LE THÉRAPEUTE — Donc ça, c'est une mouche…
L'ENFANT — Une mouche… méchante, comme une mouche jaune qui pique…
LE THÉRAPEUTE — Et tu voudrais l'attraper et lui faire du mal ? (Il acquiesce) Mais pourquoi tu l'attrapes avec la main qui garde toutes les mouches « gentilles » ?… Si tu fais ça, qu'est-ce qui arrive ?…
L'ENFANT — Toutes les mouches gentilles s'envolent…
LE THÉRAPEUTE — À cause de la mouche méchante, tu perds toutes les autres ? Tu ne pourrais pas faire autrement ?…
L'ENFANT — Garder dans la main les bonnes mouches et prendre l'autre main pour la méchante…

Cet enfant a tout compris et je lui explique ce que signifie notre jeu : pourquoi une « chose méchante » (la méchanceté d'un autre enfant) qui nous arrive doit-elle annuler tout ce qui est « bon » en nous ? Je lui parle ensuite de son allure effectivement un peu « ronde », mais qui est « lui ». En aucun cas, une quelconque moquerie sur son poids ne doit éliminer toutes les « autres choses » qui le caractérisent, comme sa gentillesse, ses aptitudes à bien dessiner, sa bonne mémoire pour chanter et toutes ses autres qualités.

Pour cela, il est souhaitable que l'enfant soit bien conscient de ses capacités et qu'il accepte certains « défauts ».

➤ *Prendre conscience de ses capacités*

Notre société de consommation ne nous facilite pas la tâche : elle nous pousse à proposer à notre enfant toute une foule d'activités et le résultat est qu'il devient, à notre insu, un véritable « enfant-orchestre ». Un enfant qui fait beaucoup de choses, qui se disperse dans différents loisirs, « touche-à-tout », ce qui n'aide pas à bien évaluer où sont ses réelles compétences. Sans tomber dans l'activité ou le loisir unique, il est conseillé de toujours finir un cycle et de ne pas arrêter en cours de route sous tel ou tel prétexte. Nous savons, d'ailleurs que les enfants qui papillonnent et quittent très vite une activité qui ne les satisfait plus, sont le plus souvent des enfants qui acceptent peu les habitudes, les routines, les incontournables moments de « frustration ».

Les activités ou les jeux que nous proposons à nos enfants sont un véritable champ d'observation pour les parents. Pas question de se transformer en « Piaget » et de passer notre temps à observer notre enfant avec un papier et un crayon. Participer avec lui est bien sûr essentiel, mais il est bon de ne pas être qu'un acteur : le regarder s'amuser, le voir se heurter à une difficulté, s'il se décourage ou non, observer ses aptitudes manuelles, sa logique pour régler un petit problème, sa capacité à créer, sa facilité à solliciter un autre enfant, à partager avec lui, à trouver des compromis, son refus ou non du changement, de l'ennui, sa faculté de faire seul ou sa façon de demander de l'aide à l'adulte… Tout cela peut nous aider, non pas à figer notre enfant dans un « Voilà ce qu'il est », mais nous apprendre où il semble exceller et où il semble moins compétent. Ce sera, au final, un bon moyen de « renforcer » les compétences déjà acquises et de tenter d'amenuiser certaines faiblesses tout en lui faisant accepter qu'« on ne peut pas être bon partout » ! Et, bien sûr, au passage, cela nous conforte dans l'idée que notre enfant ne peut être parfait et qu'il faut bien que, nous aussi, nous l'acceptions dans ses aspects positifs et ses faiblesses même si nous allons tout tenter pour le rendre plus « fort ». Il n'est pas question d'acharnement thérapeutique en éducation : savoir améliorer chez notre enfant ce qui peut l'être et reconnaître que certaines choses ne sont pas de notre compétence.

➤ *Découvrir la personnalité de notre enfant ?*

L'enfant se construit en interaction avec ses susceptibilités génétiques, son milieu socioculturel, son vécu affectif et l'éducation de ses parents. Beaucoup de parents veulent savoir « qui » est leur enfant. Il n'y a pas de réponse définitive, bien sûr. Mais, sans parler de « profil », de « personnalité », nous nous devons de bien observer ce que notre enfant aime et dans quel domaine il semble, *a priori*, motivé et compétent. Sans l'enfermer dans des conclusions définitives, il est toujours important d'appréhender le potentiel de notre enfant : est-il créatif ou conventionnel, social ou plutôt contemplatif, leader ou empathique, actif ou cérébral, entreprenant ou dépendant ?

Cela peut bien sûr bouger et il n'est pas sûr qu'un enfant n'évolue pas dans ses choix. Pourtant, nous avons souvent remarqué que les enfants qui trouvent un vrai domaine de compétence, un « centre d'intérêt » dès l'enfance, vont peaufiner leur talent et l'amplifier toute leur vie. Un tempérament « artiste » reconnu, valorisé et « renforcé » dès le plus jeune âge s'actualisera plus tard dans une activité de loisir privilégiée, une aptitude manuelle précoce s'épanouira dans un futur cursus professionnel.

TEST 6

Les centres d'intérêt de votre enfant

Les attitudes de mon enfant	Oui	Non
1. Il cherche toujours à bricoler ses jouets.		
2. Il adore jouer avec les autres.		
3. Il sait trouver les jeux pour les autres.		
4. Il aime bouger, il est « tonique ».		
5. Il a toujours beaucoup d'idées quand on sort en famille.		
6. Il peut passer des heures avec le même jouet.		
7. Il a tendance à se retirer d'un groupe d'enfants.		
8. Il « suit » les autres quand un jeu est organisé.		
9. Il apprécie les moments de repos, déjà adepte du *farniente*.		
10. Il veut toujours participer pour choisir des loisirs.		
11. Il peut transformer un jouet en plusieurs jeux		
12. Il demande toujours à connaître d'autres enfants.		
13. C'est vers lui que vont les enfants pour organiser une activité.		
14. Il ne cesse de faire des choses, parfois jusqu'à épuisement.		
15. Il lui faut du nouveau pour capter son intérêt.		
16. Il invente peu de personnages quand il joue.		
17. Il est réputé « timide ».		
18. Il n'a jamais de conflits avec les autres enfants.		

Les attitudes de mon enfant	Oui	Non
19. Il a beaucoup de moments de rêverie.		
20. Le même jouet ne peut pas le satisfaire longtemps.		
21. Il est curieux de tout.		
22. Il parle beaucoup aux autres enfants.		
23. Dans un groupe, c'est lui qu'on remarque.		
24. Il est attiré par les activités physiques.		
25. Il est ravi dès qu'on lui propose du « nouveau ».		
26. Il aime les nouvelles expériences.		
27. Il fait rire les autres.		
28. Il se fait rejeter par certains enfants.		
29. Il est en général « rapide ».		
30. Il veut souvent faire comme les adultes.		
31. Il invente beaucoup dans ses jeux.		
32. Dans un groupe, il n'oublie personne.		
33. Il sait prendre la parole pour un autre enfant.		
34. Il est « costaud » pour son âge.		
35. Il n'aime pas les « routines ».		
36. Il est impatient de découvrir une nouvelle activité.		
37. Il sait « animer » un groupe d'enfants !		
38. C'est lui qui décide de stopper un jeu collectif.		
39. Il est passionné par le sport à la télévision.		
40. Il peut initier de nouveaux jeux quand il est en groupe.		

Résultats

• Si vous avez au moins six réponses « oui » aux affirmations n°s 1, 6, 11, 16, 21, 26, 31, 36, le centre d'intérêt qui domine chez votre enfant est sans doute « créatif ». Sans l'enfermer dans telle activité ou telle future profession, vous n'oublierez pas qu'il a montré très tôt des aptitudes pour créer, inventer, chercher des solutions et qu'il ne peut se contenter de routines, du « déjà fait ». *A contrario*, si vous avez répondu au moins six fois « non », son centre d'intérêt peut être plus « conventionnel », il ne demande pas à innover mais sait profiter de ce qui existe, il n'a pas besoin d'extraordinaire pour profiter de la vie, il est sécurisé par les habitudes.

• Si vous avez au moins six réponses « oui » aux affirmations n°s 2, 7, 12, 17, 22, 27, 32, 37, le centre d'intérêt qui domine chez votre enfant est sans doute « social ». Il aime la compagnie, n'est pas à l'aise dans les moments de solitude. Ce qu'il veut avant tout, c'est communiquer, partager. Sans se négliger, il s'intéresse aux autres. Pour lui, la vie est avant tout communauté. *A contrario*, si vous avez répondu au moins six fois « non », son centre d'intérêt peut être plus « solitaire » : sans être un futur ermite, sans chercher à constamment fuir les autres, il se plaît à faire des choses seul, apprécie la solitude, serait plutôt contemplatif qu'actif. Cela le rend au final assez indépendant et il prendra l'habitude de faire « seul » avant de demander de l'aide.

• Si vous avez au moins six réponses « oui » aux affirmations n°s 3, 8, 13, 18, 23, 28, 33, 38, le centre d'intérêt qui domine chez votre enfant est sans doute « leader ». Non, il ne deviendra pas un guide ou un quelconque futur petit dictateur. En revanche, son tempérament fort l'encouragera toujours à vouloir diriger, décider pour les autres, devenir le « moteur » d'une activité de groupe. *A contrario*, si vous avez répondu au moins six fois « non », son centre d'intérêt peut être plus « dépendant ». Non pas qu'il se forge un tempérament de « suiveur » et de futur soumis. Il saura exprimer son opinion, mais se range plus volontiers derrière l'avis d'un tiers, ne cherche pas à dominer, à prendre les décisions pour les autres. Il n'a pas le profil d'un « chef », mais pourra développer des qualités d'écoute, d'empathie.

• Si vous avez au moins six réponses « oui » aux affirmations n°s 4, 9, 14, 19, 24, 29, 34, 39, le centre d'intérêt qui domine chez votre enfant est sans doute « actif ». C'est un enfant résolument tonique, qui a besoin de bouger, d'agir. Il souffrira toujours quand il devra rester statique et attendre sur un siège. Sa grande énergie lui permettra d'exceller par exemple dans les activités sportives et lui donnera du dynamisme pour appréhender les choses difficiles de la vie. *A contrario*, si vous avez répondu au moins six fois « non », son centre d'intérêt peut être plus « passif ». Non pas qu'il soit d'un profil « roi fainéant » mais le « faire » n'est pas son fort. Il se plaît à observer, regarder, se sert plus facilement de son « cérébral ». C'est avant tout un « Je réfléchis avant d'agir ».

• Si vous avez au moins six réponses « oui » aux affirmations n°s 5, 10, 15, 20, 25, 30, 35, 40, le centre d'intérêt qui domine chez votre enfant est sans doute

« entreprenant ». Il aime initier, trouver de nouvelles choses à faire, affirmer son point de vue, il sait argumenter auprès des autres enfants pour aboutir à ses fins, il ne subit que rarement la réalité. *A contrario*, si vous avez répondu au moins six fois « non », son centre d'intérêt peut être plus « dépendant », il préfère qu'on lui propose que d'initier, il fait confiance à des profils plus décideurs que lui, il ne souffre pas des routines du quotidien.

Ce questionnaire peut nous permettre de voir notre enfant avec certaines aptitudes ou non. Voir que son enfant est assez « passif » et plus « suiveur » que « leader » favorise certaines interventions éducatives pour un premier pas vers la construction de son « acceptation de soi » : « Tu préfères observer qu'initier des choses… Cela va te permettre de réfléchir souvent à ce que tu vois… C'est une grande qualité, mais il sera aussi souhaitable de travailler cet aspect de toi qui peut t'apporter des désagréments… » Bref, le parent renvoie à son enfant ce qu'il « est », de par son tempérament, mais ne le fige pas avec son « inné » : « Tire profit de cette personnalité mais améliore-toi pour éviter que cela ne devienne un handicap. » De même, le parent d'un enfant plutôt « leader » saura renforcer ce trait de caractère qui ne peut qu'apporter du positif quand on vit en société, mais il lui dira aussi d'amoindrir sa volonté de diriger les autres pour devenir plus empathique, plus « social ». Ainsi, il est souvent utile de pallier certains déficits de nos enfants en les poussant à faire certaines activités qu'ils auraient tendance à éviter. Sans les obliger à « être » ce qu'ils ne sont pas, nous leur proposons de débloquer certains points faibles.

L'acceptation d'un tempérament, c'est reconnaître une aptitude, un talent apparemment « innés » et pouvoir ensuite « renforcer » ou « tempérer » ses compétences ou ses manques pour mieux s'inscrire dans ce que demanderont les expériences de la vie. S'accepter, c'est accepter de changer ce que nous sommes pour mieux s'adapter au réel.

➤ *Vers l'acceptation de soi ?*

C'est une chose d'aider notre enfant à mieux connaître ses capacités et de l'aider ainsi à « relativiser » les domaines où il n'excelle pas. La réalité, elle, est beaucoup moins sympathique et se charge trop souvent de détricoter ce que nous parents avons tenté de faire pour que notre enfant garde une bonne estime de soi.

J'évoquais plus haut les tracas que subissent des enfants quand les petits copains se moquent d'eux. Nous, parents, ne soupçonnons pas à quel point les relations entre enfants peuvent causer de dégâts quant à l'image de soi. C'est pourquoi les adultes doivent être attentifs à tout ce qui peut détruire l'estime de soi de l'enfant et ce, dès son plus jeune âge. Cela m'a toujours fait bondir d'entendre des professionnels m'assurer que « les enfants savent se réguler tout seuls » ou « qu'entre 6 ans et la puberté » (période dite de « latence »), il ne se passait rien de dramatique pour l'enfant. Ces mêmes experts pensent toujours que ce n'est pas le réel qui fait souffrir l'enfant mais des enjeux inconscients (plutôt « œdipiens » !) que nous ne pouvons percevoir. Et pourtant...

Combien de fois ai-je entendu ces enfants me confier la souffrance qu'ils ressentaient pour avoir entendu un surnom, une « moquerie de gamin », comme disent les adultes. Notre rôle d'adulte est donc d'entendre ces plaintes et de tenter, le mieux que nous pouvons, de faire contrepoids.

➤ *Se prévenir des environnements négatifs*

Au début de sa vie, l'enfant est un être avant tout biologique. Il va toujours chercher satisfaction et plaisir. Mais il doit aussi apprendre à ne pas « fuir » ou à éviter les adversités (comme il était bon de le faire dans les temps primitifs) : il lui faut les affronter et ne plus les craindre, elles font partie du principe de réalité. Pour l'enfant, l'environnement est vécu soit comme une « punition » (je vis des choses déplaisantes), soit comme une « récompense » (je vis des choses agréables). Il est indispensable de renforcer les aspects positifs du vécu de l'enfant et il est aussi nécessaire de ne pas lui apprendre l'évitement des aléas négatifs. Aider l'enfant à voir et à accepter le « négatif » n'est pas une mince affaire et pourtant, nous l'avons déjà souligné, il va se heurter très tôt à un environnement qui peut lui être très hostile. Nous verrons dans le chapitre suivant comment, dès son plus jeune âge, il devra non seulement faire face aux « autres » et s'affirmer, mais aussi « accepter », « tolérer » autrui. Voyons déjà comment, nous les parents, pouvons aider notre tout-petit à ne pas souffrir inconsidérément des attaques de son environnement.

Comment donner à l'enfant les premiers feed-back concernant ses atouts, ses traits de personnalité et ses « manques », les incompétences qu'il pourra ou non combler par la suite ? Comment lui donner une nouvelle « représentation de soi » sans coller aux dires des autres enfants qui ne font jamais dans la nuance ? Le parent va tenter de « réguler » les vraies et les fausses représentations que vit son enfant, il devient le garant du réel et, pour ce faire, il lui faudra être vigilant sur les possibles influences négatives des autres enfants et distinguer avec lui le vrai du faux tout en restant réaliste, « rationnel ».

➤ *Résister aux attaques des autres enfants*

Certains enfants, dès que le langage le leur permet, vont devenir de redoutables destructeurs d'image de soi. Ils vont tout de suite tenter de « labelliser » et de qualifier (je pourrais dire « disqualifier ») les autres petits enfants. Il serait souhaitable que leurs parents leur aient appris le « respect des autres », la politesse et donc l'interdit de se moquer, de critiquer, de vouloir nuire aux autres. Il aurait été plus juste, pour nos enfants, que les parents censurent tout quolibet ou surnom, tout ce qui peut faire mal à d'autres enfants. Mais à l'époque du « moi, moi, moi », certains parents préfèrent voir leur enfant critique, insolent, impoli mais « affirmé », du moins dans leur définition... La politesse et le respect des autres sont des valeurs trop souvent oubliées.

Il est donc utile d'être vigilants quand notre enfant vient de vivre un moment de collectivité : qu'il ait passé des heures à la crèche ou en classe d'école maternelle ou primaire. Nos enfants doivent pouvoir nous dire s'ils ont subi la phrase assassine d'un petit tyran. Cessons de croire qu'ils se « régulent tout seuls » et, sans chercher à dramatiser, investiguons quand il rentre de sa journée de vie collective...

LES PARENTS — Vous voulez dire qu'il faut demander, même à un tout-petit si la journée s'est bien passée ?...

LE THÉRAPEUTE — Bien plus que cela... Dès que notre enfant comprend la majeure partie des mots usuels, il est bon de « parler » sa journée et de renforcer tous ses ressentis positifs. Mais il est aussi nécessaire d'évoquer de temps en temps le moins plaisant et de lui demander : « As tu rencontré des enfants qui ont dit des choses méchantes sur toi aujourd'hui ? »

LES PARENTS — Ne risque-t-on pas de dramatiser les petites affaires banales entre enfants ?

LE THÉRAPEUTE — Nous avons tous été alarmés sur les possibles abus d'adultes sur nos enfants et nous y prenons garde, nous n'hésitons pas à leur dire, même quand ils sont tout-petits, qu'ils ne doivent pas laisser un « grand » les toucher... et c'est une grande avancée... Mais il faut aussi les prévenir des « enfants méchants » qui, je le répète, sont tout aussi nuisibles dans leur façon de « casser » les autres enfants... et le plus souvent ce sont des moqueries sur le physique de l'enfant...

LES PARENTS — Quand un enfant se moque des taches de rousseur de l'un.

LE THÉRAPEUTE — Du poids d'un autre, de tel ou tel petit défaut physique quand l'enfant grandit. La taille de ses oreilles, le profil de son nez, sa taille, etc.

LES PARENTS — Que faire alors ?

LE THÉRAPEUTE — Lui faire comprendre que ces choses-là existent et qu'il faut en parler, ne jamais rester seul avec les mots méchants des autres, que c'est un abus tout aussi sérieux que ce qu'on a pu lui dire à propos de « certains adultes ».

➤ *Accepter ses « limites de soi »...*

Le parent devient la médiation entre une certaine réalité négative renvoyée par les « autres » et la réalité de son enfant. Il va « recadrer » les propos entendus, les « disputer » en les relativisant, en rappelant les qualités ou « points forts » de l'enfant. Il va ainsi éviter à l'enfant de se construire des scénarios négatifs, tenter d'amoindrir ce que l'enfant a vécu, tant certaines « empreintes » de la petite enfance peuvent s'amplifier avec le temps. Aider son enfant à « encaisser » certaines attaques ne consiste pas à le leurrer mais à rétablir la réalité. Et si notre enfant est plus petit en taille qu'il ne devrait l'être, le but n'est pas qu'il se sente « grand » mais qu'il accepte sa petite taille tout en condamnant les propos disqualifiants d'autres enfants. Je me souviens de ce qu'avaient dit les parents de « Petit Pierre » qui était devenu, à cause de sa petite taille, le bouc émissaire d'une classe de CP bien sûr guidée par un ou deux « enfants-tyrans ».

LES PARENTS DE « PETIT PIERRE » — Les enfants qui se moquent de toi le font pour *x* raisons, ils ont tort, ils ne veulent pas voir ce que tu es en ton entier, ils mettent en avant ta petite taille en oubliant tout le reste : ton adresse en sport, tes bons résultats scolaires, tes inventions à la maison… Tu pourras souvent avoir affaire à ce genre de réaction de la part des « autres », pas toujours délicats dans la vie de tous les jours… Tu es « petit » en taille, nous t'aimons comme tu es, tu l'as entendu, cela n'enlève aucune de tes qualités mais tu ne pourras pas empêcher les moqueries … La seule parade est sans doute de croire en toi mais surtout d'en parler chaque fois que tu en souffres, comme on le fait maintenant…

Cette façon d'aider l'enfant à résister aux attaques des autres doit être quasi permanente et ne saurait s'arrêter à la petite enfance avec la croyance qu'avec l'âge ils deviennent plus forts et peuvent se défendre seuls.

Les agressions sur le physique d'un enfant ou sur son « potentiel », sur ses capacités intellectuelles n'auront de cesse tout au long de ces années dites de « socialisation » : s'il est vrai que la plupart des enfants n'ont pas cet esprit pervers de « faire mal » aux autres, il suffit d'un cas pour que la construction psychique d'un enfant plus sensible s'effondre aux premières invectives. Nous, les parents, questionnerons toujours notre enfant, qu'il soit en classe de primaire ou au collège sur la présence de ces « destructeurs de personnalité » : « Subis-tu des critiques, des attaques personnelles qui te font du mal ? » Rechercher les « petits pervers » – ils existent non pas « génétiquement » mais parce qu'en général ils sont tout simplement mal élevés – est une œuvre de salubrité publique tant nous voyons, dans nos cabinets de consultation, les brisures qu'ils opèrent.

Renforcer le « sentiment de soi », c'est aider notre enfant à prendre conscience qu'il est un « être d'émotions ». C'est aussi lui reconnaître une singularité et le défendre dans ses « limites de soi ». Le rendre « résilient de soi » (ne pas être son propre ennemi), c'est désamorcer toutes les pensées autodéfaitistes que peut générer un environnement parfois négatif. Le parent est celui qui conduit l'enfant à s'accepter, à trouver qui il est vraiment avec ses talents, ses compétences et ses « manques ». Il l'accompagne dans les frustrations que peuvent susciter son physique, son tempérament, son vécu, son « histoire ».

CHAPITRE 4

L'enfant « social » ou l'enfant qui accepte les autres

Les dangers de « soi »

➤ *L'éducation et le sentiment de l'autre*

J'ai toujours préféré l'*Émile* de Rousseau à l'œuvre de Françoise Dolto : l'exacerbation de l'ego nuit, à moyen et long terme, au « contrat social » et ne rend pas l'enfant heureux… Est-ce à dire qu'il n'y a du bonheur qu'avec le sentiment de l'autre ? Les dogmes religieux auraient-ils raison lorsqu'ils affirment que c'est l'abandon de l'individualité au nom de valeurs transcendantes qui rend l'homme heureux ? Je ne pense pas que cela soit une affaire de croyance mais, une fois de plus, d'équilibre : s'il est indispensable de vivre son individualité pour construire son « acceptation de soi », il est tout aussi indispensable que le « moi » s'inscrive dans un lien social puisque je ne peux pas vivre seul. Apprendre l'autre n'est pas une philosophie uniquement sociale et religieuse ou un quelconque endoctrinement de nos enfants pour que leur singularité cède devant l'altruisme. Apprendre l'autre signe la nécessité de comprendre que « l'autre » ne peut pas toujours répondre à notre principe de plaisir et qu'il faut bien accepter la frustration de n'être point seul. Cette acceptation-là me paraît indispensable à la construction psychique de l'enfant : accepter la différence de l'autre, accepter de ne pas plaire à l'autre, accepter d'être parfois malmené par l'autre.

➤ *Un enfant seul peut-il être heureux ?*

Il n'est pas question d'affirmer qu'un enfant de tempérament solitaire deviendrait irrémédiablement malheureux par son refus de socialisation. Cependant, l'être humain ne peut pas vivre éternellement la solitude même si elle est apparemment voulue. Que l'enfant plaide pour avoir des moments bien à lui et refuse de toujours être en « coexistence », rien de plus normal mais, une fois encore, soyons vigilants et ne confondons pas les demandes de « répit social » avec des comportements qui traduisent un « évitement social ».

LE THÉRAPEUTE — Donc, Adrien, qui vient d'entrer en crèche, ne veut jamais jouer avec les autres enfants et semble tout à fait heureux lorsqu'il s'occupe seul…

LES PARENTS — C'était déjà pareil chez la nourrice, il était toujours en retrait et participait peu aux jeux communs.

LE THÉRAPEUTE — Et quelle est son attitude envers les adultes qui sont présents ?

LES PARENTS — Il voudrait toujours que l'on fasse attention à lui, il aimerait être seul avec les adultes.

LE THÉRAPEUTE — Et à la maison ?

LES PARENTS — Il cherche souvent à s'isoler et se tient à bonne distance de son frère et de sa sœur.

LE THÉRAPEUTE — Et en dehors de la crèche ou de la maison ?

LES PARENTS — Il n'aime pas lorsqu'on rend visite à des amis, même quand on va chez les grands-parents… C'est un vrai « loup solitaire » je vous dis ! Et il n'a pas l'air malheureux !

Certes, Adrien est sans doute heureux de vivre « isolé » s'il est effectivement d'un tempérament plutôt réservé et « introverti ». Mais, en s'éloignant des autres, il va perdre peu à peu une réalité qui peut lui apporter beaucoup. S'il ressent « autrui », pour l'instant, comme un possible danger, il va se renforcer peu à peu dans des croyances comme « Ce que je ressens (la peur de l'autre) est vrai ». Il ne va pas connaître les bienfaits de la vie en commun : il n'apprendra pas les différences, il ne connaîtra pas l'apprentissage « vicariant » (voir faire les autres, regarder et observer comment ils résolvent un problème), en un mot il ne s'enrichira pas de l'autre. L'éducation des parents peut encore une fois trouver l'équilibre : sans vouloir absolument rendre « social » mon enfant plutôt solitaire, comment lui faire vivre progressivement des relations essentiellement humaines ?

➤ *Obligé de vivre avec les autres*

LES PARENTS — Nous n'allons tout de même pas l'obliger à toujours faire des choses avec les autres enfants !

LE THÉRAPEUTE — Parfois si... bien lui dire que vous comprenez qu'il est content d'être tout seul... qu'il peut aussi, pourquoi pas, craindre les autres enfants et il faudra en parler ensemble... Mais il sera surtout bon de lui expliquer qu'il y a beaucoup d'avantages à faire des choses ensemble. Comme « jouer » : on invente plein de choses à plusieurs, on rit plus fort quand on partage des joies et puis les autres enfants apprendront des choses de lui et inversement.

LES PARENTS — Une fois de plus, vous nous demandez d'insister et de l'obliger même s'il ne semble pas très heureux quand on le « frustre »...

LE THÉRAPEUTE — Respecter le profil, la singularité de son enfant est louable, mais ne pas vouloir « forcer » sa nature – dans l'idée qu'il s'accommode aussi à la réalité – revient à l'ancrer dans une sorte de rigidité... qu'elle soit génétique ou non. Alors que l'enfant se définit surtout par sa capacité d'adaptation à la réalité, et donc aux autres. Et si votre enfant n'est pas flexible par nature, il peut apprendre à le devenir.

LES PARENTS — Et cette façon de coller à l'adulte fait partie de cette volonté de ne pas se frotter aux autres enfants ?

LE THÉRAPEUTE — En partie, oui. Les enfants qui évitent leurs pairs ont tendance à vouloir une relation privilégiée avec l'adulte et, dans ce cas, il ne faut pas y voir une quelconque demande de relation, ce qui serait bon, mais le simple désir d'être reconnu comme « seul enfant » parmi les autres. Et puis, si l'adulte me permet d'éviter les autres enfants, c'est qu'il y a sûrement un danger réel… Une fois de plus, je renforce ma peur de l'autre…

➤ *De l'absence de l'autre à l'égocentrisme*

L'enfant qui s'enferme dans sa solitude peut devenir, à son insu, un enfant égocentrique : il va, sans s'en rendre compte, ne fonctionner qu'avec lui-même. Tout ce qu'il entreprend est jugé bon puisqu'il en a décidé ainsi. Tout ce qu'il dit est connoté « intelligent » puisqu'il n'est jamais contredit. Tout ce qu'il fait est magnifié car les autres et leurs qualités spécifiques n'existent pas. Lorsque je veux comprendre pourquoi tel enfant est devenu un véritable « petit roi », je constate une absence de l'« autre » qui favorise une intolérance aux frustrations (puisque l'autre ne le frustre jamais) et un égocentrisme notable puisqu'il n'y a pas de réajustement par le « social ». L'enfant peut ainsi passer d'une sorte de retrait de l'autre à un narcissisme de plus en plus exacerbé, car lorsqu'il voudra finalement du « social », ce sont les autres qui se déroberont.

Il n'est pas question de « socialiser » les enfants à outrance, je crains toujours, je le répète, les éducations collectives qui ont si souvent armé les dictatures. Mais ne pas reconnaître que le développement de l'ego ne peut se faire sans vivre avec autrui me paraît tout aussi dangereux : les dictateurs de tout poil ont souvent été eux-mêmes des « enfants-rois », des enfants souvent « uniques » et non pas, comme le veut la légende, des enfants abusés, brimés, « castrés ».

➤ *De l'égocentrisme à la tyrannie*

L'« autre » est donc incontournable pour la construction harmonieuse de soi. Son absence devient vite une négation et elle peut entraîner l'enfant vers une tyrannie progressive. Lorsque l'enfant n'est plus arrêté dans son principe de plaisir par la reconnaissance de la présence, du besoin ou du désir de l'autre, il va désormais le « chosifier ». Que l'autre soit un enfant ou un adulte, il ne sera, pour l'enfant qui devient tyran, qu'un moyen d'accéder à ses désirs. Les enfants-tyrans ne sont donc pas des générations spontanées, des monstres ou des aberrations génétiques mais ils sont bien le produit d'une carence éducative : personne ne leur a enseigné le « sentiment de l'autre ».

Et que deviennent ces tyranneaux ? Ils ne vont pas tous s'épanouir dans une quelconque dictature politique, ils vont, à coup sûr, rejoindre la cohorte de nos adultes « moi, moi, moi », ces « adultes-enfants » qui ne vivent que pour eux, qui méprisent le lien social, qui font preuve chaque jour d'incivilités, qui stimulent une consommation imbécile puisque solitaire au lieu de « jouir avec les autres ». Rater la socialisation de son enfant revient à le priver d'une source de joie, l'autre, et le condamne à une vie sans saveur, à une quête sans fin du « toujours plus ».

Et, vous l'avez compris, cette « socialisation » n'est pas naturelle, elle s'apprend, elle relève donc de notre éducation.

TEST 7

Votre enfant est-il « normalement égocentrique » ?

Ce petit test évoque certaines attitudes quotidiennes que peut vivre un enfant dès qu'il a acquis un langage assez solide. Si vous avez un enfant de moins de trois ans, il vous sera difficile de répondre à tous les items. En revanche, pour tenter d'évaluer si votre tout-petit a tendance ou non à se montrer plus « égocentrique » qu'il n'est souhaitable, vous pouvez réfléchir à « est-ce oui ou non ? » pour les affirmations 10, 11, 14, 15, 18. Si vous avez majoritairement répondu « oui », cela ne signe pas un caractère égocentrique rédhibitoire chez votre enfant, mais cela peut vous conduire à réajuster certaines attitudes et à l'inciter à devenir plus « social ».

Quand il fait ou dit...	**Un « ego » de son âge...**	**Vers trop d'ego...**
1. Il coupe souvent la parole lors d'une discussion.	non	oui
2. Il aime montrer ce qu'il fait.	oui	non
3. Il aime que les adultes s'intéressent à lui.	oui	non
4. Il tente de constamment attirer l'attention des adultes.	non	oui
5. C'est tout un problème pour qu'il aide à la maison.	non	oui
6. Il est euphorique quand on parle de lui	non	oui
7. Il participe facilement aux tâches ménagères.	oui	non
8. Il s'intéresse à ce que font les autres.	oui	non
9. Il s'occupe des plus petits quand il joue.	oui	non
10. Il est leader dans les jeux, ne demande pas leur avis aux autres.	non	oui
11. Il impose ses activités à la fratrie (jeux, émission de télé, etc.).	non	oui
12. Il accepte de changer d'activité selon les amis.	oui	non

Quand il fait ou dit...	**Un « ego » de son âge...**	**Vers trop d'ego...**
13. Il est ennuyé quand un autre enfant pleure...	oui	non
14. Il semble insensible devant les enfants plus « émotifs ».	non	oui
15. Il ne se préoccupe jamais de la famille (grands-parents, etc.).	non	oui
16. Il parle de bonne grâce aux autres membres de sa famille.	oui	non
17. Il est un peu timoré devant des personnes nouvelles.	oui	non
18. Il est très affirmé pour son âge.	non	oui
19. Il ramène tous les sujets à ce qu'il fait.	non	oui
20. Il pose des questions aux autres.	oui	non

Si vous avez répondu « oui » aux affirmations 2, 3, 7, 8, 9, 12, 13, 16, 17, 20, votre enfant manifeste des comportements tout à fait adéquats pour son âge : son « sentiment de l'autre » est bel et bien en train de se façonner. Si, en revanche, vous avez répondu « oui » aux affirmations 1, 4, 5, 6, 10, 11, 14, 15, 18 et 19, il serait bon de rectifier certaines petites choses dans la vie de votre enfant. Non pas qu'il « est » un enfant « égocentrique » qui ne pourra pas évoluer, mais certaines attitudes signent que le lien à l'autre est un peu mis à mal. Les conseils et hypothèses de ce chapitre vont vous aider à éduquer votre enfant dans ce sens.

Lui apprendre que l'autre existe

Le « sentiment de l'autre » n'apparaît pas naturellement. Après la naissance, le nourrisson réclame sa mère pour satisfaire ses besoins, il ne va guère se différencier d'elle. Cette personne qui le cajole, qui le nourrit et le protège est, en quelque sorte, celle (ou celui) qui fait en sorte que la réalité soit ce qu'il en veut. Très tôt, le parent « nourricier » se doit d'apprendre progressivement au tout-petit qu'il ne peut pas toujours répondre à ses demandes. Il lui enseigne ainsi, d'une part, que la quête du plaisir immédiat n'est pas toujours rationnelle et qu'il faut bien apprendre à attendre, à différer son principe de plaisir et, d'autre part, que l'adulte présent existe, lui aussi, à part entière. Bien sûr, le tout-petit ne va pas « comprendre » tout de suite que son parent ne répond pas toujours à ses demandes parce qu'il est un « autre », mais il va vivre peu à peu des moments où quelqu'un ne répond pas comme il le souhaite. Et, peu à peu, à force d'entendre des « Attends un peu, maman revient... », « Non, nous ferons cela après... », l'enfant perçoit la réalité : un « autre » est bel et bien présent, il me donne satisfaction mais pas tout le temps. Et le parent se doit de ponctuer ces temps où il ne satisfait pas immédiatement son enfant par des « Parce que maman a autre chose à faire... », « Parce que papa ne peut pas tout de suite, il fait ceci ou cela... »

➤ *Le « premier autre »*

Nous l'avons compris, même si la satisfaction du tout-petit doit l'emporter dans les premiers mois de sa vie, certains « refus » de réponse immédiate vont l'aider à mieux accepter l'autre. Cette attitude parentale est dite « frustrante » parce qu'elle va à l'encontre des demandes toujours insatiables de l'enfant. Beaucoup de parents ne veulent intervenir de cette façon que lorsque l'enfant est « en âge de comprendre », c'est-à-dire lorsque son langage est suffisamment élaboré. Certes il est plus facile d'expliquer avec des mots, que l'enfant comprend, que le parent ne peut pas toujours être à la disposition de l'enfant mais pourquoi attendre si longtemps ? Lorsqu'un tout-petit doit attendre sa mère ou son père, même sans une raison très explicite, il vit, et donc il apprend, une situation où une « autre » personne fait des choses pour elle-même... Et il prend peu à peu l'habitude que cet « autre » peut donner, satisfaire, mais qu'il peut aussi parfois être absent ou être là mais pas forcément pour lui. Les tout-petits, qui n'ont pas connu ces moments de refus ou d'attente avec leurs parents, développent le plus souvent une « intolérance aux frustrations » et un fragile « sentiment de l'autre ». En effet, beaucoup de ces enfants toujours satisfaits par l'adulte ne cessent de quémander encore plus d'attention, de jeux, de câlins, de relation et ils considèrent les pourvoyeurs de plaisir (les parents) comme des « choses », un simple prolongement d'eux-mêmes pour épanouir leur principe de plaisir immédiat.

LES PARENTS — Avec notre petite Ariane de 8 mois, vous nous demandez de « frustrer » ? Mais elle va tout le temps hurler, elle sera malheureuse !

LE THÉRAPEUTE — Frustrer un tout-petit se fait progressivement, comme quand vous avez décidé récemment de la sevrer… Comme vous l'avez obligée à faire des siestes… Ariane n'était sans doute pas trop contente ? Vous « avez fait de la frustration » sans le savoir !

LES PARENTS — Nous comprenons pour l'alimentation, le sommeil, c'est ce qu'ont fait toutes les générations, c'est une question de bon sens, mais quelles autres « frustrations » pour un tout-petit ?

LE THÉRAPEUTE — Vous jouez, par exemple, avec votre petite fille ou vous faites un gros câlin et puis, à un moment donné, vous arrêtez en lui disant simplement que papa et maman vont faire autre chose.

LES PARENTS — Nous avons déjà tenté ça… Ç'a été tout un drame !

LE THÉRAPEUTE — Et qu'avez-vous fait ?

LES PARENTS — Elle pleurait réellement pour que nous continuions de jouer ou de la câliner jusqu'à ce qu'elle s'endorme d'elle-même…

LE THÉRAPEUTE — Nous avons tous fait cela ! Le conseil est, de temps à autre, de susciter cette sorte d'apprentissage par étapes pour l'enfant, d'imposer cet arrêt de la relation avec l'enfant. Même si Ariane est « frustrée », elle n'est pas malheureuse ou dépressive, c'est son plaisir qui s'arrête qui la met en colère. En faisant cela, vous lui dites que vous aussi vous existez et que la réalité ne peut pas répondre à toutes ses demandes.

LES PARENTS — Et à l'inverse, si nous la prenons dans notre lit, nous lui montrons que nous ne cessons pas de tout faire pour elle. Au risque de ne plus vivre pour nous.

LE THÉRAPEUTE — Oui, mais, encore une fois, c'est une affaire de nuance… Les parents vivent moins pour eux-mêmes dans les premiers mois de la vie de leur bébé. Mais il est bon qu'ils reprennent une « vie à eux » à un moment… Ni au service de l'enfant, ni leur vie avant celle de l'enfant.

➤ *Une attitude « conflictuelle »*

Demander aux parents de « frustrer » l'enfant en bas âge n'est guère aisé : l'enfant, nous l'avons vu, ne nous dit pas : « Merci, cette frustration va m'aguerrir », et il risque bien de tout faire pour manifester son « malheur », il va sans doute pleurer, crier. Cette attitude parentale est dite « conflictuelle », non pas parce qu'elle agresse l'enfant mais parce qu'elle engendre chez lui un « conflit » entre son principe de plaisir et la réalité qu'il apprend brusquement. Tous les parents veulent donner du bonheur à leurs enfants et il nous est difficile de leur déplaire. Cette attitude parentale dite de « frustration » va donner du déplaisir à l'enfant à court terme, mais il faut bien se persuader qu'elle construit chez lui un hédonisme à moyen et long terme[1]. Et lorsque nous ne pouvons absolument pas « déplaire » à l'enfant, quand nous nous obligeons à toujours le satisfaire et à ne jamais lui refuser quelque chose, il est bon de nous souvenir de notre vécu d'enfant. Que rejouons-nous là ? Relire le chapitre 2 de cet ouvrage peut nous aider de nouveau à bien différencier nos « empreintes » (ce que nous avons

1. D. Pleux, *De l'enfant-roi à l'enfant-tyran*, Paris, Odile Jacob, 2002.

difficilement vécu dans notre enfance) des besoins actuels et réels de notre enfant. Un enfant frustré ne va ni rire ni manifester une grande satisfaction et c'est tout à fait normal. Il ne vit pas un profond moment de dépression et cette apparente tristesse ne doit pas nous faire peur. Mais, je le répète, la répétition de ces petites frustrations au quotidien va lui donner l'habitude de ne pas obtenir tout le temps ce qu'il veut et va, en même temps, définir le parent comme un être à part entière, comme le « premier autre » et non pas comme un « prolongement de soi » pour l'enfant.

➤ *Retour au bon sens*

Il n'y a pas de « recette » pour que le tout-petit acquière le « sentiment de l'autre ». Il suffit parfois simplement de faire preuve de « bon sens ». Utiliser un petit parc à la maison lui apprend que l'adulte a d'autres choses à faire et qu'il doit maintenant s'occuper seul. Ne pas lire une histoire chaque soir ou faire un câlin plus court, cela éclaire gentiment l'enfant sur l'existence de plusieurs mondes, le sien et celui des « autres ». Lui faire retrouver son berceau après une promenade signe que les parents vont maintenant aussi s'occuper d'eux. Et tous les messages tels que « Plus tard, je fais autre chose ! », « Je dois faire ça maintenant, je viens après ! », « Bon, j'arrête de jouer avec toi, j'ai du travail ! », « Papa, maman sont fatigués, c'est fini ! », contribuent à faire naître chez l'enfant ce sentiment que l'adulte, que les parents vivent des choses pour eux.

LES PARENTS — Notre petite de 3 ans n'en fait qu'à sa tête, c'est toute une histoire dès que l'on veut faire preuve d'autorité…

LE THÉRAPEUTE — Et les conflits se terminent comment ?

LES PARENTS — Il n'y a plus que la fessée qui stoppe les débordements. Comment peut-on éviter d'en arriver là ? Vous nous parlez de « frustration en amont », nous n'y arrivons pas.

(La petite Mélanie réclame le portable de sa maman pendant l'entretien.)

LE THÉRAPEUTE — Elle réclame votre portable, dites-lui non, ce n'est pas un jouet... et surtout dites-lui que c'est « vous » qui décidez de ce qu'elle a le droit ou non de faire...

➤ *Quand l'enfant décide*

LE THÉRAPEUTE — Il existe bien d'autres exemples : l'enfant veut vous verser à boire pendant un repas, vous pouvez penser que c'est une initiative altruiste... Il ne pense en fait qu'à jouer et à entrer dans votre territoire d'adulte. Alors refusez gentiment qu'il vous serve puisque vous n'avez rien demandé.

LES PARENTS — Mais, dans votre exemple, c'est un petit geste affectueux de vouloir nous donner de l'eau pendant un repas ?

LE THÉRAPEUTE — Nous parlons bien de Mélanie qui a du mal avec l'autorité, ce qui veut dire qu'il lui est difficile d'accepter qu'on ne peut pas faire ce que l'on veut quand on veut... Dans ce cas, il est bon de bien observer tous les petits faits et gestes qui signent plus une volonté de « dominer » l'adulte que de lui rendre service. Tel enfant sollicite son père pour jouer « quand il le veut » et l'adulte perçoit un souhait de communication. Tel autre enfant veut vous parler alors que vous étiez en conversation avec quelqu'un d'autre, vous pensez qu'il recherche une relation positive avec vous alors qu'il tente, une fois de plus, de décider du moment de partager avec lui... Il existe beaucoup d'autres situations où l'enfant décide plus qu'il ne demande réellement : venir dans la chambre pour faire un câlin, par exemple.

➤ *Se méfier du « J'ai pas envie ! » de notre enfant*

Très souvent, le tout-petit refuse la relation avec les parents ou la fratrie. Il est déjà pourvu d'un langage conséquent, et nous pouvons prendre ses perpétuels refus pour une « phase d'opposition » tout à fait normale ou tout simplement pour une attitude très « affirmée ». S'il est traditionnel que l'enfant s'exerce au « non » dès qu'il connaît ce mot, ce n'est plus pareil lorsque ce même « non » devient quasi systématique et s'inscrit dans le temps chaque fois que l'adulte demande quelque chose. Très souvent, derrière ce « non », il y a ce fameux « J'ai pas envie ! » Beaucoup ont confondu le « J'ai envie » du tout-petit avec une volonté symbolique d'exprimer sa singularité, en clair, faire ce que l'on a envie de faire, à cet âge-là, signerait une recherche d'existence (et non un simple caprice) !

Il nous faut distinguer les différentes « demandes » de l'enfant sans retomber dans la distinction complexe « besoins » ou simples « désirs » de l'enfant[1] : quand l'enfant demande quelque chose, sommes-nous bien sûr qu'il « désire être » avant de vouloir tout simplement « répondre à ses envies » ? Le plus souvent, trois « demandes » se distinguent chez le petit enfant : la demande d'informations, la demande d'expression et la demande de satisfaction.

➤ *« Savoir »*

Les demandes d'informations de l'enfant sont constantes, elles sont normales et souhaitables : il veut sans cesse apprendre et comprendre son environnement. La réalité lui renvoie chaque jour de son existence une quantité d'événements et d'interactions qui le laissent perplexe, parfois inquiet ou apeuré, le plus souvent curieux de savoir. Le rôle de l'adulte est bien d'informer, d'expliquer au mieux cette réalité parfois complexe et déroutante. Il est alors bon de tenir compte de l'âge de son enfant car il est inutile de disserter sur des informations qui ne le regardent pas ou qu'il ne peut pas comprendre. Je suis

---

1. D. Pleux, *Génération Dolto*, Paris, Odile Jacob, 2008.

souvent atterré de voir que certains tout-petits, dès qu'ils parlent, se trouvent devant un poste de télévision, écoutent et regardent un monde qu'ils ne peuvent pas saisir. Et quand leurs parents décident de les aider, ils se lancent dans des explications sur les guerres, les séismes, et tout récemment sur les risques de pandémie avec la grippe H1N1. J'ai même entendu des adultes philosopher longuement avec des enfants de moins de 5 ans sur la mort inéluctable, la « finitude » de la condition humaine. Les petits n'entendent rien à tout cela et ne sont pas dotés de cette fameuse pensée abstraite ou formelle qu'ils vont acquérir, au mieux, à la fin de l'adolescence. Cette façon d'abstraire et de comprendre le conceptuel n'est pas l'apanage de l'enfance.

Cela ne veut pas dire qu'il ne faut pas répondre aux questions des enfants mais de là à ne rien censurer, cela peut amplifier des phénomènes d'angoisse et de peurs excessives. Oui, il est bon de communiquer avec l'enfant sur ce qui le concerne ; nous avons tous en mémoire ces époques où rien ne lui était dit, que ce soit un « secret de famille », la date d'un déménagement ou le décès d'un proche. Et bien sûr, dans ces cas-là, il est bon de dire avec des mots qu'il peut comprendre. Quant aux « secrets de famille », il est souhaitable de ne parler que de ce qui le concerne et non pas de lui révéler, n'importe quand, « tout » sur les errances familiales en remontant les générations. Je ne suis pas sûr qu'apprendre le passé de collaborateur de l'arrière-grand-père puisse aider un enfant de 6 ans à se projeter dans l'avenir ! Mais ne rien dire d'une adoption ou d'un fait marquant pour toute la famille peut générer aussi une grande angoisse.

➤ *« Être »*

Il est tout aussi important de bien reconnaître une « demande d'expression » chez l'enfant. Nous pouvons parfois nous tromper et penser que notre enfant agit en égoïste alors qu'il tente de montrer un désir profond de se distinguer, d'être « différent des autres ». C'est bien le risque d'une éducation qui serait uniquement centrée sur le respect d'autrui : éduquer le « sentiment de l'autre » ne doit pas annuler la « construction de soi ». Si des réactions fortes ont vu le jour dans les années 1960, c'est bien parce que l'individu était écarté au profit de valeurs plus nobles dites « transcendantes » ou « universelles ». Mais les excès de l'autoritarisme du passé ont engendré les extravagances de l'individualisme. Quand je demande plus d'« autre », je ne veux en aucun cas « moins de moi ». Nous l'avons vu au chapitre précédent, il est bon d'appréhender l'éducation par la volonté de développer chez son enfant, et en premier lieu, son « acceptation de soi ».

Quand un tout-petit montre plus de goût pour tel ou tel jeu, s'il n'arrête pas une activité par refus des difficultés qu'il rencontre mais parce qu'il « désire » autre chose, il traduit sa volonté d'exprimer sa singularité, sa personnalité propre.

Prenons quelques exemples : un enfant qui, après avoir joué avec des petites voitures avec un autre enfant, demande son jeu favori de « construction », et à l'inverse un autre qui, après avoir accepté de jouer en solitaire avec des cubes, demande à partager ses jeux avec d'autres. Le premier signe une volonté de « solitude », là où l'autre traduit un désir de socialisation. C'est la même chose pour le choix de certaines couleurs qu'il préfère pour s'habiller. Sans qu'il soit question que l'enfant choisisse tous ses habits, il est adéquat d'entendre ses souhaits en termes de coloris si ses aspirations ne sont pas démesurées. Quand l'enfant pose des questions, demande ou pratique certains jeux ou activités, il est tout aussi important de bien observer ses « centres d'intérêt », comme je l'ai souligné au chapitre précédent : manifeste-t-il très tôt des talents pour tout ce qui est bricolage, est-il plutôt social, est-il plus physique, actif que passif, est-il assez leader ou se plaît-il à s'accommoder facilement aux autres, est-il créatif ou plus conventionnel ?

➤ « *Jouir* »

Les demandes des enfants ne sont pas que des demandes d'informations ou d'expression. Très souvent, ils veulent avant tout satisfaire leur « principe de plaisir ». L'enfant, je l'ai maintes fois dit, est né pour assouvir ses besoins primaires que sont la faim, la soif, le sommeil et bien sûr son besoin d'attachement. L'éducation lui rappelle constamment que s'il est juste de répondre à ces besoins fondamentaux, il n'est pas possible de les assouvir tout le temps. Le tout-petit ne va pas nous remercier de cette belle initiative pour lui apprendre le « principe de réalité ». Au contraire, il va n'avoir de cesse que de vouloir satisfaire « immédiatement » toutes ses demandes de plaisir. Il « veut » s'alimenter tout de suite, il « veut » un câlin tout de suite et, en revanche il refuse tout ce qui heurte son bon plaisir. Ces « demandes de satisfaction immédiate » ne sont pas des « désirs » qui symbolisent sa quête d'existence, ce sont tout simplement des demandes très pulsionnelles. Elles se transforment vite en véritables « caprices » qui doivent être canalisés par l'éducation des adultes.

Non, demander à retourner dans la chambre des parents bien après l'heure du coucher n'est pas une « demande » qu'il faut décoder. Pas plus lorsque l'enfant refuse de goûter tel ou tel aliment ou exige d'en manger tel ou tel autre. Quand il fait tout un chantage pour l'achat d'un objet convoité dans une grande surface, il n'y a pas derrière tout cela un sens caché où un désir d'être qui cherche à s'exprimer : il veut tout simplement posséder ce qui le tente immédiatement, que ce soit une sucrerie, un jouet ou toute autre chose. En résumé, l'enfant est avant tout un être qui veut se satisfaire et jouir immédiatement des choses. Il ne connaît que l'hédonisme à court terme, avoir « tout, tout de suite » et c'est bien l'éducation qui va progressivement lui apprendre cet hédonisme beaucoup plus fort qu'est celui à moyen et long terme. Cet objectif implique, une fois de plus, la « frustration » pour l'enfant, le déplaisir de ne pas avoir « tout, tout de suite ».

➤ *Les « autres » et les peluches*

Les psychologues ont toujours souligné l'importance des « objets transitionnels » chez l'enfant. Ces objets qui lui permettent de garder vers eux le parent absent, de faire la « transition » entre une présence désirée et une absence imposée. À ce titre, les peluches sont devenues les objets transitionnels par excellence. Ces jouets ont aussi une grande valeur : ils servent à exprimer le ressenti de l'enfant. Il est toujours édifiant de voir un tout-petit, dès l'apparition du langage, tancer son ours en peluche parce qu'il a été méchant au repas... Nous le savons, l'enfant va s'identifier à sa peluche favorite ou parler à d'autres personnes en faisant comme si la peluche était un être réel. Observer son attitude, écouter ce qu'il dit est souvent très instructif. Tel enfant va gronder la peluche « pas gentil avec maman », « pas bien jeter cuiller par terre », « maman revenir »... Ces petits dialogues improvisés avec les peluches nous montrent si notre enfant accepte ou non progressivement l'existence des autres, des parents en premier lieu, de la fratrie ensuite, des petits copains de crèche ou de classe plus tard. C'est une sorte de prise de température du « sentiment de l'autre » : comment mon enfant réagit-il aux absences des parents, comment comprend-il un interdit, comment prend-il une demande insatisfaite, comment comprend-il les pleurs ou la joie d'un autre enfant ?

Accepter les autres

Si les parents sont bien les premiers à marquer cette différence entre le « soi » du petit enfant et la réalité de l'existence de l'« autre », c'est aussi avec la présence des autres enfants que le tout-petit va faire le rude apprentissage de la vie en commun. Dans un premier temps, il est bon de bien équilibrer les temps de loisirs de notre enfant. S'il est nécessaire de respecter le tempérament de chacun – certains enfants aiment la solitude et d'autres la vie de groupe –, il est souhaitable de bien inscrire des moments de « vie sociale » pour développer ce « sentiment de l'autre » dont nous parlons. La « socialisation » n'est pas naturelle, elle s'apprend et les activités communes permettent à l'enfant d'intégrer progressivement l'acceptation inconditionnelle des autres.

TEST 8

Activité « solitaire » ou « sociale » ?

Jeux et activités	Plutôt « solitaire »	Plutôt « social »
Nager.	oui	non
Faire du vélo.	oui	non
Sport d'équipe.	non	oui
Jeu de construction.	oui	non
Jeu vidéo.	oui	non
Lecture.	oui	non
Cuisiner un plat	non	oui
Regarder la télévision.	oui	non
Jeux en groupe.	non	oui

Jeux et activités	Plutôt « solitaire »	Plutôt « social »
Dessiner.	oui	non
Colorier.	oui	non
Participer à un jeu de société.	non	oui
Découper.	oui	non
Peindre.	oui	non
Apprendre une comptine.	oui	non
Faire un gâteau d'anniversaire.	non	oui
Modelage.	oui	non
Cueillir des fruits ou légumes.	non	oui
Apprendre une chanson.	non	oui
Collage.	oui	non

J'ai construit ce tableau en référence aux activités généralement proposées aux tout-petits. Les activités dites « sociales » sont déjà minoritaires lorsque l'on totalise les « oui » et les « non ». Ce tableau ne signifie pas, bien sûr, que votre enfant risque de devenir asocial s'il joue ou fait des choses le plus souvent tout seul. Ces activités sont bonnes pour développer sa créativité, éveiller ses sens ou trouver, pourquoi pas, sa singularité. Il est important de remarquer si le « faire avec les autres » est très présent ou s'il est réduit à la portion congrue. Mais vous allez me dire que l'enfant, et ce de tout temps, a trouvé la parade pour se socialiser : il adore jouer avec les autres enfants et cela rééquilibre naturellement les moments où il est seul ! Certes, nous ne pouvons nier l'importance du jeu de groupe spontané, mais il est dommage que les adultes ne stimulent pas plus le « social » quand ils choisissent une activité pour enfants. Les activités ou les sports de groupe interviennent la plupart du temps bien après les activités personnelles, comme si elles étaient moins importantes. Serait-ce dire que le développement de soi, *via* les jeux créatifs, doit l'emporter sur l'acquisition du sentiment de l'autre ?

➤ *Haro sur le collectif ?*

Rappelons-nous que dès l'entrée en crèche puis plus tard en classe maternelle, c'est l'apprentissage individuel qui sera de mise pour préparer la grande école. Et, après le CP, les loisirs dits de groupe n'auront droit de cité que pour quelques heures quand les apprentissages « personnels » prennent petit à petit le dessus. Enfin, au collège, le sport ne représente plus qu'un maigre pourcentage dans l'emploi du temps des élèves. Et la suite du cursus scolaire stimule encore plus le « solitaire » au détriment du « collectif ». *A contrario*, décider très tôt d'alterner certaines activités d'éveil « solitaires » indispensables avec des loisirs « en commun » peut stimuler le « sentiment de l'autre ». Il est vrai que cette volonté de faire du « social », de parler d'activité sportive ou de groupe pour les plus jeunes rappelle certaines actions politiques d'antan qui visaient à détruire l'individu pour le « bien collectif ». Mais ne sommes-nous pas allés trop loin dans la volonté de stimuler à tout prix le talent de chacun au détriment du « lien social » ? L'hypertrophie de l'ego de certains enfants me semble tout aussi condamnable que l'absence de singularité des jeunesses endoctrinées.

Jouer pour jouer est indispensable, mais ce n'est pas cela qui construit le « sentiment de l'autre ». Sans la médiation d'un adulte qui va non seulement réguler les excès de chacun mais aussi définir les règles de vie ou de jeu en collectivité, l'enfant risque bien de faire une fois de plus « ce qu'il veut quand il veut ». Le jeu sans l'éducation par l'adulte devient la plupart du temps la caricature de l'individualisme le plus exacerbé : chaque enfant va retrouver sa façon de faire ou de jouer, pas question dans tout cela d'apprendre l'autre. Si l'être humain n'est pas avant tout « social », il apprend à le devenir. Cet apprentissage, une fois de plus, incombe aux éducateurs et, en premier lieu, aux parents. S'il est dommage que nos enfants ne stimulent pas leur propre créativité en « individuel », il leur est préjudiciable de ne participer à aucune activité « sociale ». Certains peuvent ainsi développer, sans qu'on le veuille, une exacerbation d'un tempérament sans doute déjà « solitaire », et d'autres vont renforcer leur volonté égocentrique de ne vivre que pour eux-mêmes. Dans ces deux cas, les enfants n'expérimentent pas « l'autre », ils ne peuvent ni le connaître, ni le comprendre, et encore moins l'accepter.

➤ *« J'ai pas envie des autres… »*

Quant au « J'ai pas envie » d'être avec les autres, le parent se doit de confronter résolument cette attitude avant tout égocentrique. Bien sûr, si votre tout-petit refuse la relation avec d'autres enfants parce que son tempérament est plutôt introverti et qu'il est saturé d'autrui, il est bon de le laisser retrouver ses chers moments de solitude. Mais quand il refuse le « social » parce que selon lui ce n'est pas le bon moment, il est nécessaire de lui rappeler que l'animal social que nous sommes ne peut choisir constamment d'accepter ou non la présence des autres. Et puis, faisons la chasse à toutes ces attitudes d'enfants qui ne sont que des manifestations d'égocentrisme et non un quelconque trait de « caractère fort » comme je l'entends souvent :

LES PARENTS — Vous voulez dire que quand Luc (4 ans) refuse de jouer avec sa sœur de 2 ans, il est égoïste ?

LE THÉRAPEUTE — Pas nécessairement, il a le droit de choisir aussi. Sauf si son refus est systématique. Je pense plutôt à d'autres attitudes comme un enfant qui ne veut pas répondre à la question d'un adulte. Un autre qui fait tout un cinéma pour dire « bonjour ». Un troisième qui ne vous regarde pas quand vous lui parlez ou qui s'en va en pleine conversation. Toutes ces attitudes ne signent pas un « sens » profond, mais plutôt une volonté de n'accepter la relation avec l'autre que lorsque lui le décide.

LES PARENTS — Et, quand Luc, au contraire, revient pour nous parler alors qu'il est parti sans rien dire ? Il lui arrive souvent de nous proposer de l'aide alors que peu de temps avant il piquait une colère quand on lui demandait d'apporter son couvert... Cela ne veut pas dire qu'il tente de se faire pardonner ?

LE THÉRAPEUTE — Vous avez peut-être raison, mais attention aux petites manœuvres... Parfois l'enfant, qui veut « faire ce qu'il veut quand il veut », décide d'être « social » au moment voulu par lui seul, ce qui est la définition même de la « non-socialisation »...

LES PARENTS — Mais on nous avait dit que cela se faisait tout seul... Qu'un enfant bien dans sa peau allait accepter facilement le contact avec les autres.

LE THÉRAPEUTE — Que les enfants se régulaient d'eux-mêmes. Qu'au final tout s'arrangeait toujours et que n'importe quel comportement égocentrique du tout-petit allait bien vite se transformer en acte d'amour envers les autres ?

➤ *Vers l'autogestion ?*

Laisser l'enfant se « réguler » tout seul, il est capable d'autogestion. Je l'ai souvent vu dans certaines crèches qui accueillent les plus petits : si l'adulte n'intervient pas pour dire aux plus hardis de ne pas ramper sur les plus timides, il est rare que l'enfant « téméraire », dit « leader » ou « fort », s'inquiète de piétiner le plus docile. Bien au contraire, il découvre un jeu passionnant qui va dans le sens de son omnipotence : quand l'autre est une « chose », cela devient amusant de jouer avec lui selon son bon plaisir. Tous les adultes qui s'occupent des très petits le savent bien, il est tout à fait romantique de croire que les enfants vont se respecter comme par magie. C'est du romantisme mal placé, l'enfant n'est pas un être social par nature, il le devient par éducation. Et combien d'enfants, victimes de la crédulité adulte, se voient tyrannisés par d'autres petits, eux laissés libres de leur prendre leurs jouets, de les mordre, de leur faire peur par des cris incessants ou d'autres comportements aberrants qui ne s'autorégulent jamais. Le rôle de l'adulte ou du parent est d'établir un véritable « code familial » pour répartir (avec la fratrie, à la crèche ou à l'école) les tâches, (s'ils ont l'âge d'aider) les rôles, les partages. Tout comme il est inévitable de sanctionner les débordements, les jalousies... Non, il n'y a pratiquement jamais autodiscipline et encore moins socialisation harmonieuse quand des enfants sont seuls entre eux : il existe souvent un tempérament plus trempé que d'autres qui va profiter de sa force pour non pas aider le plus fragile, mais exploiter ses carences. C'est avec l'apprentissage des adultes et parfois avec les sanctions qui incitent à voir et à respecter les autres enfants que peu à peu, le tout-petit passe d'un égocentrisme exacerbé à une volonté d'accepter les autres.

➤ *Des enfants qui sont la proie des autres*

Pour un tout jeune enfant, subir les plus forts est un drame. Les enfants soi-disant affirmés, « à très forte personnalité » sont de plus en plus nombreux : ils ne sont pas élevés dans le respect d'autrui mais dans la stimulation de leur « ego », ils sont ce que j'ai appelé des « enfants-tyrans ». Ces tyranneaux ne le sont pas génétiquement mais par pure carence éducative. Et pour un enfant plus « faible », il est dangereux de croire qu'il va devenir solide au contact de ces petits dictateurs en couches : se prendre des coups (sans médiation et réajustement de l'environnement) ne construit pas mais détruit.

Comme ce sont toujours les plus forts qui contraignent les plus faibles, ce sont toujours les plus loquaces qui monopolisent les échanges oraux lorsqu'un instituteur croit favoriser l'expression de tous. C'est l'illusion pédagogique que dénonce Alain Bentolila[1]. Les enfants leaders ou « maîtres de la parole » monopolisent, d'autres sont des « intervenants virtuels » et reste le « cercle des silencieux »... Une fois de plus, sans l'intervention de l'adulte, nous risquons fort de laisser les choses en état. C'est donc l'éducateur qui peut stimuler les échanges mais qui doit aussi réguler la prise de parole entre enfants. Ce qui est vrai pour la conversation l'est tout autant pour chaque activité sociale que vivent les enfants.

LES PARENTS — Nous pensions bien faire quand nous laissions Luc régler ses problèmes avec sa petite sœur Lucie...

LE THÉRAPEUTE — Et Lucie est d'un tempérament... ? Si vous le comparez à celui de Luc ?

LES PARENTS — Elle est beaucoup plus facile. Du genre à se laisser faire...

LE THÉRAPEUTE — Et quand ils jouent ensemble, cela donne ?

LES PARENTS — Beaucoup de pleurs chez Lucie et puis ça se calme...

LE THÉRAPEUTE — Parce que Lucie accepte la volonté de son grand frère, parce qu'elle subit ou parce qu'elle le craint ? Sans vouloir tout noircir, quand deux enfants de tempérament opposé se querellent, il est bon que l'adulte s'inquiète de ce qui se passe et cherche à savoir qui fait quoi. Nous sommes bien en désaccord avec ce fameux : « Laissez-les faire, ils apprennent la vie... sans les adultes ! »

Faire subir sa loi au plus « faible » n'est pas forcément l'apanage des plus âgés. Combien de fois ai-je vu des petits tyranniser leurs frères ou sœurs aînés sans que les parents ne

1. A. Bentolila, *Quelle école maternelle pour nos enfants ?*, Paris, Odile Jacob, 2009.

soupçonnent à quel point le plus jeune avait pris le pouvoir. Les parents romantiques sont persuadés que le plus âgé sait se défendre surtout si l'écart excède deux ou trois ans. C'est sans compter sur la force d'un enfant difficile qui va repérer bien vite qu'il peut faire ce qu'il veut quand il veut avec un frère ou une sœur plus accommodant et bien moins affirmé que lui, surtout si les parents commentent par un : « C'est normal, il est petit ! ». Ne soyons pas dupes et partons du constat inverse même s'il dérange : ne pas faire confiance à l'autorégulation des enfants entre eux, c'est accepter que la socialisation n'est pas innée, mais s'apprend, c'est donc une tâche éducative qui nous incombe à nous, les adultes.

➤ *Comprendre l'autre*

Lorsque nous intervenons pour remettre de l'ordre dans les rapports de la fratrie, nous favorisons l'empathie chez nos enfants. Pourquoi un tout-petit continuerait-il de chahuter ou d'ennuyer son frère ou sa sœur si nous lui apprenons très précocement à respecter les autres et surtout à reconnaître le ressenti des autres ? L'empathie est cette capacité à éprouver ce qu'éprouve l'autre, elle est fondamentale pour développer le « sentiment de l'autre », le « lien soi-autrui ». Beaucoup nous disent que cela n'est possible que lorsque l'enfant est « socialisé » : toujours cette même histoire qui nous fait croire au développement inné et harmonieux mais qui relève d'une pure tautologie : l'enfant est social parce qu'il ne peut que le devenir…

Il est possible de favoriser l'empathie même chez les tout-petits. Ainsi, la « théorie de l'esprit » (*theory of the mind*) traduit cette tendance de l'humain à attribuer des pensées, des sentiments chez les autres pour expliquer leurs comportements. Pour les adultes, pas de problème, nous sommes tous conscients que si un invité fait la grimace pendant un dîner, cela peut signifier plusieurs choses : un mets le dégoûte, il n'a pas supporté une réflexion ou il pense à quelque chose de déplaisant, etc. Mais cette façon d'envisager l'autre est-elle possible chez un petit enfant ? Peut-il, lui aussi, interpréter le comportement d'un autre en fonction de son intention ?

➤ *Comment développer l'empathie ?*

La « théorie de l'esprit » nous explique comment le bébé découvre les intentions des autres : il sait regarder sa maman pour savoir si elle va le prendre dans ses bras, le déplacer ou faire tout autre chose. À force d'observer l'adulte, il découvre que les personnes qui l'entourent ont des « intentions ». À l'inverse, le bébé va provoquer l'intention de ses proches : lorsqu'il regarde attentivement un objet, il va susciter l'attention particulière de sa mère pour saisir cet objet. Il découvre donc que les comportements humains ont des « intentions spécifiques[1] ». Cette première étape précède l'empathie, cette capacité à se mettre à la place de l'autre qui peut se développer vers 3 ou 4 ans. L'enfant apprend progressivement qu'il est nécessaire de comprendre l'autre pour pouvoir anticiper ses actions. Dès 3 mois, les bébés savent différencier une voix chaleureuse d'une remarque colérique. Cela leur permet de comprendre que ce qu'ils font plaît ou non et il est toujours bon, pour nous les parents, de « parler » nos émotions : « Maman est contente quand tu arrêtes de jouer sans crier... » « Papa est en colère quand tu lances un objet vers lui... ».

Dès 8 ou 9 mois, l'enfant a accumulé un grand nombre d'informations : il sait quels sont les comportements qui lui procurent des câlins, des compliments, des sourires ou des rires. Souvenons-nous de ces bébés qui ont l'art de nous faire

1. A. Karmiloff-Smith et K. Karmiloff, *Tout ce que votre bébé vous dirait... s'il savait parler*, Paris, Les Arènes, 2006.

rire par leurs mimiques ! Et vers la fin de la première année, bien entraîné par les relations avec les parents, la fratrie ou la famille élargie, il est prêt à développer de l'empathie pour les autres enfants… à condition, que les adultes continuent de lui expliquer et de lui apprendre ce que ressentent les autres quand il se comporte de telle ou telle façon. Mettre son tout-petit à la garderie ne va pas le rendre « social » comme par magie si les adultes ne font pas attention à ce qu'il provoque chez les autres. Je l'ai déjà dit, il n'existe pas d'autorégulation heureuse chez les tout-petits : l'adulte présent doit lui apprendre à partager ses jeux, à bien lui signifier que telle attitude met son compagnon en colère et que tel autre comportement fait sourire tous les autres.

L'émotion de l'autre s'apprend et petit à petit l'enfant perçoit mieux autrui et ses différences, mais, nous l'avons vu, c'est bien en expérimentant des relations avec les autres et par l'intervention et l'apprentissage de l'adulte qu'il va devenir « empathique », donc « social ». Agir est toujours élémentaire pour qu'il s'accommode aux autres. Combien de fois les parents pensent bien faire en « parlant » uniquement de ce que l'enfant doit faire ou pas, en évoquant le ressenti des autres ? Mais le « verbe », la « parole » ne suffisent pas. Seule l'expérience modifie le comportement et celui-ci demeure essentiel, il est le véritable « moteur de l'évolution[1] ».

➤ *Selon les tempéraments…*

L'adulte ne peut pas éduquer ses enfants de la même manière surtout s'ils sont de tempéraments radicalement opposés. Prenons un exemple caricatural : notre aîné est plutôt

1. J. Piaget, *Le Comportement, moteur de l'évolution*, Paris, Gallimard, « Idées », 1976.

« extraverti » alors que le puîné signe une certaine « introversion ». Le parent pourra stimuler chez son introverti l'expression des sentiments qu'il a tendance à « garder » en lui alors qu'il enseignera à son « extraverti » qu'il faut parfois se taire et ne pas submerger les autres de ses émotions. Il est tout aussi utile d'apprendre à des petits enfants ces différences de caractère pour qu'ils comprennent bien qu'un enfant « timoré » ne peut pas recevoir les plaisanteries de la même façon qu'un autre plus « sûr de lui ». L'enfant introverti a besoin de se confronter aux autres pour gagner de la confiance en lui, mais il se doit d'être compris dans ses retraits et ses moments de solitude. De même, un enfant plus « ouvert » doit être accepté dans ses débordements, mais exige aussi qu'on lui apprenne que tous les enfants ne fonctionnent pas comme lui et que certains excès blessent les plus solitaires.

➤ *Plaire aux autres…*

Je ne parle pas de « séduction » ou de toute autre façon d'être de l'enfant qui vise à obtenir de l'adulte ce qu'il veut. « Plaire », c'est avant tout agir pour faire plaisir à l'autre. Et la toute première façon de reconnaître l'existence de l'autre, c'est la politesse. Nous avons tous rencontré ces enfants qu'il faut supplier pour qu'ils nous disent « bonjour ». Ces « Dis bonjour à la dame » nous semblent souvent d'une autre époque et des spécialistes de l'enfance ont même souligné que si l'enfant ne voulait pas être poli, cela signait avant tout son désir d'exister[1] !

Non, le refus de saluer une personne que l'on rencontre traduit surtout une volonté de ne pas se décentrer et cette exigence que l'« autre » quémande le bonjour est sans aucun

1. F. Dolto, *Les Étapes majeures de l'enfance*, Paris, Gallimard 1994.

doute un tout premier pas vers la tyrannie du tout-petit. *A contrario*, l'enfant qui salue sans faire d'histoires signe sa volonté de reconnaître l'autre et traduit avant tout son envie de relation et de « social ». Saluer l'autre est un début. Aider l'autre est aussi une étape indispensable.

Ne perdons pas de vue qu'un tout-petit peut aussi « aider » aux tâches ménagères. S'il ne peut rien faire avant l'acquisition de la marche et d'une certaine dextérité motrice, les parents peuvent tout de même demander à un enfant de plus de 2 ans d'aider à mettre le couvert, à apporter une assiette, des petites choses toutes simples qui vont l'inscrire dans la « vie en commun ». Une fois de plus, c'est lorsqu'il « fait » que l'enfant apprend la dimension sociale qu'est l'aide aux autres. Lorsqu'un parent me dit que son enfant n'est pas égoïste et qu'il prend soin de demander des nouvelles des autres membres de la famille, c'est sans aucun doute une bonne chose. Mais lorsque je m'inquiète de savoir si cet enfant de 5 ans fait autre chose que « parler » son intention sociale, j'apprends qu'« à cet âge-là on ne lui demande pas de corvées à la maison » ! Toujours ce fameux « syndrome de Cosette »... Et pourtant, partager des petites routines domestiques est le plus sûr apprentissage d'une socialisation réussie.

➤ *Je ne suis pas tout seul !*

LE THÉRAPEUTE — Si j'ai bien compris, Oscar, tu es l'aîné, tu as 10 ans, tu voulais préparer quelque chose pour l'anniversaire de ton papy ?

OSCAR — Oui. Je voulais lui faire une surprise.

JULIE (4 ans, l'interrompt) — Et puis moi aussi je voulais faire un dessin...

OSCAR — Je voulais que ce soit un cadeau de nous deux, ses petits-enfants.

JULIE (l'interrompt de nouveau) — Et puis mon dessin, il serait très beau...

OSCAR — Mais, arrête de parler dès que je parle !

JULIE — Et mon dessin lui fera plaisir...

OSCAR — Tu coupes toujours la parole, c'est pas poli !

JULIE — Il aime bien les dessins mon papy !

LE THÉRAPEUTE — Stop, Julie ! Oscar me parle du projet d'anniversaire de papy, on l'écoute !

JULIE — Mais c'est un dessin pour Papy...

OSCAR — Vous voyez, elle est toujours comme ça.

LE THÉRAPEUTE (d'une voix plus ferme) — Tu arrêtes maintenant Julie. Oscar a raison, chaque fois qu'il parle, tu veux aussi dire quelque chose et tu ne l'écoutes pas. Alors tu vas attendre que je te le dise pour prendre la parole. Oscar est plus âgé, il a des choses à dire pour cet anniversaire, nous t'écouterons ensuite.

JULIE — Mais...

LE THÉRAPEUTE — Ou alors tu sors de mon bureau.

(Julie obtempère devant la menace, puis elle écoute son frère Oscar.)

LE THÉRAPEUTE — Tu vois, Julie, Oscar nous a tout dit de son projet et toi tu as attendu pour nous dire ce que tu penses, c'est comme ça qu'on fait quand on parle à plusieurs. Chacun son tour et si on écoute d'abord Oscar, c'est parce qu'il est l'aîné.

JULIE — Parce qu'il est plus grand !

Il n'est bien sûr pas question de rétablir le droit d'aînesse, mais, lorsque j'interviens de cette manière, je dis à l'enfant qu'il existe des règles de communication et une de ces règles est non seulement d'attendre, d'écouter avant de prendre la parole mais aussi et surtout qu'il existe des tranches d'âge avec ses privilèges. Si la fratrie n'est qu'horizontalité, si chaque enfant a le même statut, la même liberté que tous les autres, les puînés y verront non pas une volonté de justice parentale mais, une fois de plus, la preuve que l'on « peut faire (ou dire) ce que l'on veut quand on veut » et que l'âge importe peu...

Apprendre les différences dans la fratrie n'est pas nier toute existence ou toute liberté au plus petit, c'est lui enseigner que chaque étape de la vie va lui donner des droits et des devoirs. Si le tout-petit a le droit de s'exprimer et d'exercer ses compétences propres, il a aussi le devoir de laisser l'autre affirmer sa singularité. Accepter la fratrie est un premier pas important, mais le plus dur reste à faire…

Accepter les frustrations que provoquent les autres

➤ *Soyons réalistes*

Nous savons bien qu'éduquer notre enfant ne le met pas à l'abri des agressions des autres enfants et, cela, nous devons aussi l'enseigner. Lorsque nous montrons à notre enfant l'importance de l'existence de « l'autre » avec ses différences, lorsque nous lui apprenons à connaître le ressenti et les réactions des autres enfants, lorsque nous le sollicitons pour aider ceux qui vivent avec lui, nous participons grandement à sa « socialisation ». Mais, si cela interagit positivement avec certains enfants, eux aussi bien « élevés », cela ne protège pas notre enfant de l'injustice ou des attaques d'autres tout-petits. Notre enfant doit apprendre progressivement l'acceptation inconditionnelle des autres. Quoi qu'il fasse, certains autres enfants peuvent tenter de lui nuire, il doit le savoir, le comprendre pour mieux résister à leurs passages à l'acte le plus souvent déstabilisants, voire injustes ou destructeurs. Accepter les autres n'est pas adopter une attitude stoïque et se contenter d'encaisser les coups portés par les autres. Accepter les autres même lorsqu'ils sont négatifs, c'est reconnaître qu'ils existent et non se plaindre constamment qu'« on ne doit pas vivre certaines choses ». Accepter les autres dans leurs déviances, c'est, enfin, s'armer pour pouvoir leur résister.

➤ *« C'est pas juste ! »*

CAMILLE (5 ans et demi) — À l'école, ils se moquent de moi. Ils aiment pas mes cheveux frisés. C'est pas juste !

LE THÉRAPEUTE — Et tu me disais qu'il y avait encore plein de choses que tu n'aimais pas à l'école ?

CAMILLE — Et puis Julien il a une belle collection d'images. Moi j'en ai pas et… c'est pas juste ! Et puis la maîtresse, elle joue avec les autres et je suis toute seule… C'est pas juste !

LE THÉRAPEUTE — Camille, tu me disais aussi qu'à la maison tu n'étais pas contente ?

CAMILLE — Mon frère, il peut aller dormir après moi. C'est pas juste ! Et puis l'autre fois, il jouait avec ses amis et pas avec moi… C'est pas juste !

LE THÉRAPEUTE — Tu m'as dit aussi que tu n'aimais pas faire les courses avec maman dans les grands magasins ?

CAMILLE — Oui, un jour j'ai vu un enfant qui avait un beau jouet et moi, ma maman, elle ne veut pas m'acheter des jouets quand on est dans le magasin… C'est pas juste !

Arrêtons là ce que vous soupçonnez : la litanie des chagrins de Camille est sans fin. Tout lui semble « injuste » et c'est surtout la présence ou le comportement des autres qui la perturbent autant. Je connais les parents de Camille, ils s'efforcent d'éduquer leur petite fille et ne sont pas permissifs. Ils viennent d'ailleurs en consultation parce que Camille se plaint quotidiennement des injustices de la vie et surtout des « autres ». Pourtant, ils l'ont éduquée dans le respect d'autrui et ils ont toujours évité de la survaloriser, de la surstimuler, ils ont voulu qu'elle ne soit pas « reine » et qu'elle voie bien qu'une vie solitaire n'est pas possible. Camille signe-t-elle une tendance « paranoïaque » précoce ? Certes non, comme beaucoup de petits enfants, si elle a compris l'incontournable présence des autres, elle a bien du mal à comprendre leurs différences et surtout leurs comportements qui ne vont pas souvent dans le sens qu'elle veut. Alors que faire ? C'est une nouvelle tâche pour nous les parents : l'aider à accepter les « autres » dans leurs différences et leurs déviances.

➤ *Apprendre l'autre*

De par leur susceptibilité génétique, de par leur histoire, de par leur vécu, de par leur ressenti, les « autres » enfants expriment chaque jour leurs différences et ce, dès qu'ils vivent ensemble. La crèche est souvent le lieu des premiers drames enfantins : un tout-petit qui ne cesse de s'approprier tous les jouets, tel autre qui hurle dès qu'on l'approche, et cet autre encore qui accapare les adultes au moindre prétexte. Même si, la plupart du temps, les adultes présents veillent à créer une bonne entente entre les enfants, ils ne peuvent éviter certains débordements (surtout, s'ils croient, comme je l'ai déjà souligné, à l'autorégulation « naturelle » des petits hommes !). Il n'est pas question de surprotéger les enfants en leur évitant tout problème relationnel, mais il est souhaitable, je l'ai déjà dit, d'aider les plus timorés à ne pas se faire écraser par les plus offensifs. Cette « police » adulte est le plus souvent nécessaire même si elle heurte les convictions de ceux qui croient toujours au mythe du « bon sauvage ». Il existe bien d'autres manières d'aider nos tout-petits pour devenir plus « forts » devant les adversités relationnelles.

➤ *Les rendre plus tolérants*

Les enfants plutôt « introvertis » ne sont pas les seuls à souffrir des différences de caractère. Certains tout-petits « cache-ta-joie » sont tout aussi difficiles à comprendre pour un enfant assez « extraverti » qui a l'habitude de dire ou d'exprimer facilement ses émotions. Le parent devra lui apprendre que pour certains enfants une grimace ne veut pas forcément exprimer un mécontentement et que pour d'autres le silence n'est pas forcément un refus de communiquer ou une agression. Bien sûr, à l'inverse, l'enfant plus timoré devra comprendre la logorrhée des plus extravertis et accepter leurs questionnements incessants et leurs extravagances. Ce « Il n'est pas comme toi, il fonctionne comme ça ! » aide le tout-petit à envisager des attitudes qu'il juge jusque-là incompréhensibles, voire inacceptables. L'apprentissage de la tolérance commence donc par la connaissance des autres : montrer à son enfant qu'il est unique et que tout « autre » ne peut pas lui ressembler en tout.

➤ *Attention aux comparaisons !*

Le petit enfant apprend par « modèle » et il ne saisit pas pourquoi tel enfant est plus adroit que lui pour faire un jeu de construction ou pourquoi tel autre est plus agile pour lancer une balle. Il ne comprend pas plus le talent de son voisin qui génère les éloges des adultes ou pourquoi il ne possède pas la voix harmonieuse de la petite copine qui chante. Tout cela le heurte constamment et il va vite se mettre à rentrer dans le cycle infernal de la « comparaison » : « Les autres sont mieux que moi, je voudrais faire comme celui-là, posséder les atouts de cet autre. » Nous, parents, allons l'aider à lutter contre cette comparaison instinctive et si délétère : oui, nous avons tous des qualités et des domaines où nous sommes moins compétents. Il est impossible de posséder tous les talents et il est bon d'enseigner à l'enfant que chacun développe une singularité, c'est ce qui lui permettra d'envisager un futur métier ou d'exceller dans tel art ou telle activité sportive. Très tôt, l'enfant doit entendre cette nouvelle médiation entre ce qu'il croit devoir être, ce qu'il est réellement et surtout ce que sont les autres. Il ne peut relativiser tout seul, son naturel est malheureusement d'oublier ses forces pour ne vouloir que les talents des autres.

➤ *Des privilèges*

L'enfant n'accepte pas facilement les privilèges des autres enfants. Il refuse de se coucher avant son aîné, il lui faut apprendre qu'il existe des différences de statut et que plus tard, lui aussi, bénéficiera des mêmes libertés. Rien de plus stimulant pour un tout-petit que de vouloir « être grand » pour gagner les libertés qu'il n'a pas encore. Quant aux privilèges des enfants « fortunés », il est bien souvent nécessaire non pas de faire tout un cours sur les différences socioculturelles mais de convaincre son enfant que la réalité ne donne pas forcément au départ une égalité absolue. Ce n'est que plus tard qu'il comprendra que certains moyens peuvent être mis en œuvre pour accéder à ces « privilèges » ou, *a contrario*, essayer d'en atténuer les effets pervers… Mais ces dernières réflexions sont plus celles d'un adulte que celles d'un tout-petit : l'enfant n'est pas dans des comparaisons « sociales », il tolère les différences de « classes » et quand il souffre, c'est de se comparer aux autres enfants. De même, il pourrait donner des leçons de tolérance aux racistes de tout poil : pour lui, jouer avec un autre enfant de couleur est, par exemple, d'un naturel que beaucoup d'adultes ont bien du mal à concevoir.

➤ *Résister aux autres*

S'il est difficile pour l'enfant d'accepter les différences, il lui est encore plus pénible de vivre les agressions des autres. Ce n'était pas prévu au programme : non seulement je ne suis pas seul et les autres ne sont pas toujours comme je le veux, mais en plus ils peuvent me faire du mal ! Est-ce à dire que

« L'enfer, c'est les autres » et que « L'homme est un loup pour l'homme » ?

L'enfant qui gère seul la réalité agressante d'autres enfants peut développer cette méfiance qui ne fera que s'amplifier avec le temps. Le parent vigilant veillera à savoir ce que vit l'enfant dans ses rapports avec les autres et, sans dramatiser constamment sa vie, tentera de lui apprendre que l'être humain n'est pas toujours tendre avec ses congénères.

➤ *Les aider à dire leurs émotions*

Je l'ai souligné au chapitre précédent, l'expression des émotions participe à l'acceptation de soi de l'enfant : c'est sa « façon d'être dans le monde ». Il est tout aussi bon de l'aider à reconnaître ses émotions lorsqu'il vit des difficultés de communication avec les autres ou lorsqu'il subit une agression. L'enfant qui a peur au contact d'un autre enfant du même âge agressif doit s'entendre dire que c'est une réaction normale. Cela n'en fait pas un « peureux » mais un être humain qui répond à un danger. En revanche, il est souhaitable de bien expliquer que cette peur est souvent disproportionnée et qu'il y a peut-être des choses à faire ou à dire quand on subit l'attitude négative d'un autre enfant. De même, s'il est juste d'être en colère pour se préserver et contre-agresser un autre belliqueux, il sera tout aussi judicieux d'apprendre à l'enfant qu'il peut dire ce qu'il ressent sans prendre les mêmes réponses émotionnelles que son agresseur. En résumé, petit enfant, ce que tu ressens est normal, mais nous, les parents, nous allons t'apprendre à mieux réagir aux attaques de ton environnement.

Certains enfants ne parlent pas, n'expriment pas leur ressenti. S'il est facile de parler les émotions avec un enfant particulièrement « extraverti », il nous faut montrer un peu plus de persévérance et de questionnements avec les enfants plus réservés ou « introvertis ». Dans les deux cas, les parents peuvent utiliser de véritables techniques de débriefing (reprendre les événements qui ont suscité les réactions émotionnelles de peur ou de colère et savoir resituer et dédramatiser ce qui a posé problème).

➤ *Quand il souffre des autres... débriefing des parents !*

Le thérapeute s'adresse à Margot, 5 ans et demi, scolarisée en grande section de maternelle, et Pablo, 9 ans en classe de CM1. Les deux enfants sont de familles différentes, mais ont vécu les mêmes soucis : ils sont tous deux victimes d'enfants de leur âge qui ne cessent de leur donner des surnoms et d'en faire des boucs émissaires. Margot a de l'embonpoint et Pablo est plus petit que la moyenne des enfants de sa classe.

LE THÉRAPEUTE — Alors Margot, dis-moi, tes parents m'ont dit que certains enfants de la maternelle n'étaient pas très gentils avec toi ? (Silence de Margot) Des enfants qui disent des mots méchants et qui se moquent de toi...

MARGOT (les larmes aux yeux) — Oui, un petit garçon dit que je suis une « Bouboule », que je suis trop grosse...

LE THÉRAPEUTE — Tout le monde ne dit pas ça ? (Margot acquiesce). Il est comment ce garçon qui dit des choses comme ça ? (Silence de Margot) Est-ce que c'est un enfant qui est gentil, qui ne fait pas d'histoires avec les autres, un enfant qui ne crie pas, qui n'ennuie jamais les autres, qui sait partager les jeux ? (Margot fait « non » de la tête.) Ou est-ce un enfant qui est parfois méchant, qui agresse les autres, cherche à leur faire mal, un enfant qui n'obéit pas, qui fait tout le temps des histoires pour ne jamais faire comme tous les autres enfants ?

MARGOT — Oui, il est méchant avec beaucoup d'enfants...

LE THÉRAPEUTE — Et toi, Pablo, tu es plus grand et pourtant tu as aussi un enfant dans ta classe qui n'est pas plus gentil que celui de Margot ?

PABLO — Lui, il prend mes affaires sans demander. Il fait exprès de me bousculer. Il dit que je suis une fille… Maintenant il y a d'autres enfants qui sont ses amis…

LE THÉRAPEUTE — Ou qui ont peur de lui et qui préfèrent être de faux amis… Parfois, quand on est petit, on se met du côté du « méchant » pour éviter les ennuis.

PABLO — Oui, c'est un méchant… et je voudrais aller dans une autre école…

LE THÉRAPEUTE — Margot et Pablo, écoutez-moi bien : ce qui vous rend malheureux tous les deux c'est ce que j'appelle les « enfants-rois ». Ce sont des enfants qui sont devenus méchants parce que personne ne les a empêchés de faire ce qu'ils avaient envie de faire… Ils sont injustes, « méchants », comme vous dites, et voudraient que des enfants comme vous soient leur souffre-douleur (*explication du mot employé*), ils aiment se moquer des autres, se battre, ils n'aiment pas apprendre à l'école…

Et les deux enfants m'écoutent attentivement : je leur parle des enfants-rois qui deviennent « méchants » mais qui existent bel et bien et que l'on ne peut pas ignorer ! Margot et Pablo sont bien d'accord pour ne pas les imiter en voulant les agresser ou s'en débarrasser ! Alors que peut-on faire ? Tous les deux sont satisfaits d'en apprendre plus sur ces enfants-là, ils pensaient jusque-là que beaucoup d'enfants étaient « gentils »… Et les « accepter », c'est avant tout savoir ce que les « pas gentils » risquent de faire ou de dire dans beaucoup de circonstances. Si un enfant ne chante pas très bien, qu'un autre a les cheveux roux, qu'une petite fille est un peu gourmande, qu'un garçon est de petite taille ou maladroit quand il joue au ballon, que disent ces « enfants-rois » ?

PABLO — Des méchancetés !

MARGOT — Oui, des mots de méchants !

➤ *Enseigner les « bons et les méchants »*

L'objectif n'est pas d'étiqueter définitivement un enfant mais, dans un premier temps, de faire comprendre qu'aucune logique ne veut que tous les humains soient bons et « gentils ». J'explique à Margot et Pablo que s'il est très « souhaitable » de vivre avec d'autres enfants plutôt agréables, ils ne peuvent pas éviter de rencontrer d'autres individus moins sympathiques. Le « C'est comme ça ! » leur apprend la réalité quand ils s'endoctrinent avec leurs propres pensées comme leur « C'est pas normal d'être comme ça ! » et autres « C'est pas juste de souffrir des méchants ! ».

Il est donc possible d'enseigner à des tout-petits que les enfants, comme tous les êtres humains, sont comme ceci ou comme cela à n'importe quel moment de leur vie et qu'il est inutile de vouloir que le monde soit comme on veut qu'il soit. Je « sais » que certains enfants ne sont pas forcément « bons », c'est une réalité déplaisante, frustrante, mais personne ne peut changer cet ordre des choses à l'instant *t*. En revanche, cette médiation adulte quasiment « philosophique » n'est efficace que si nous donnons les bons outils pour « faire avec » ces « autres ». Les techniques dites « comportementales » aident l'enfant à comprendre que ce qui lui paraît inévitable et qu'il doit subir de façon impuissante devient non seulement plus compréhensible mais plus gérable : comment « répondre » aux quolibets ou comment les ignorer, comment résister aux attaques, comment s'affirmer plus devant une personnalité plus dominante et offensive ? Par exemple, certains conseils comme ne pas éviter le regard de l'enfant agresseur, lui parler plus fort, éviter d'être trop proche de lui, donnent plus de force que des encouragements uniquement verbaux ou que la simple compassion. L'enfant, lorsqu'il apprend à se défendre, « sait » aussi qu'il y a des moyens de faire face aux agressions et de ne pas exacerber les souffrances.

Ce qui rend l'enfant plus faible, c'est justement l'évitement des adversités, qu'elles soient matérielles, affectives ou relationnelles. Travailler avec lui l'acceptation des « autres » dans ce qu'ils ont de plus difficile ne fragilise pas le jeune enfant, mais lui fait prendre conscience du principe de réalité : le monde n'est pas à mon image et si mes attentes, mes demandes envers les « autres » sont « irrationnelles » (hors réalité), je ne peux que désespérer du réel et m'enfermer de nouveau dans ma solitude.

➤ *Garder son « acceptation de soi »*

Le plus difficile pour nous, les parents, est de faire contrepoids devant les attaques que subissent nos enfants, sans les surprotéger et les faire régresser dans un monde de « Bisounours ». Leur parler de leurs agresseurs, les inciter à nous dire ce qu'ils subissent de la part de certains enfants que je qualifie de « destructeurs » est indispensable. Il le faut pour que les enfants les plus dociles ne construisent pas une réalité qui leur paraîtra toujours trop « dure », trop difficile à vivre avec le risque d'un évitement progressif de toute socialisation jugée trop dangereuse. Les enfants-rois sont « destructeurs » par une carence éducative et non par une perversion innée, mais ils font mal à leurs petites victimes. Quel parent n'a pas été témoin du mal qu'un tout-petit peut faire à un autre enfant en le harcelant, par exemple, sur ses défauts physiques. Le parent se doit de prévenir ses enfants des travers de certains enfants peu éduqués qui se conduisent comme des petits sauvages et ne connaissent que l'agression comme mode relationnel. Les parents sont obligés de constamment rétablir la réalité pour que l'enfant n'intègre pas subrepticement, silencieusement et bien sûr inconsciemment, des « empreintes » qui risquent de perdurer tout au long de sa future vie. Oui, c'est le rôle du parent de devenir un véritable « tuteur de résilience » quand il voit son enfant « cassé » par un « autre ». C'est au parent de dire tout sur la méchanceté de certains (« Ils ont comme une maladie ») et surtout de donner immédiatement d'autres informations à l'enfant : « Il t'a qualifiée de "grosse"… c'est un idiot qui ne voit que ton apparence et qui ne sait pas toutes les autres choses sur toi… » Il est nécessaire de rétablir immédiatement l'image de soi de l'enfant en faisant l'inventaire de toutes les qualités qui sont les siennes pour qu'il ne « fixe pas sur un aspect », qu'il soit physique ou non. Ne pas flatter l'enfant en niant les aspects plus négatifs de sa singularité mais rétablir, rééquilibrer ce que l'enfant destructeur vient d'anéantir : je suis peut-être « gros » mais je suis aussi ceci ou cela. J'ai les cheveux de telle couleur et j'ai aussi ceci ou cela… Cette façon de « relativiser » les critiques en élargissant le « champ mental » de l'enfant est un moyen de contrer certaines « représentations » qu'il est en train de se forger, faussement, sous les agressions des autres enfants.

➤ *La représentation de soi de l'enfant*

Garder une « représentation de soi » réaliste et non coller aux dires des autres. Le parent va « réguler » les vraies et les fausses représentations, il est le garant du réel. Lorsqu'il redonne de la réalité à l'enfant, il sauvegarde une bonne « représentation », ce qui facilite par là même un nouveau « ressenti ». Cette façon de faire du parent est en fait une sorte d'apprentissage à mieux penser la vie de tous les jours : l'enfant en bas âge n'est pas capable de se distancier, d'émettre des hypothèses, d'abstraire la réalité, il ne possède que des outils « opératoires » limités, « concrets » qui risquent d'envahir ses pensées. Quand le parent lui enseigne les « autres » et les inévitables avatars de la vie en société, quand il l'aide à relativiser les agressions subies ou qu'il lui permet d'envisager des possibles en lui donnant des outils de communication, il supplée à la carence cognitive de l'enfant : c'est le parent qui « pense » pour lui et lui donne l'abstraction qu'il ne peut pas avoir lui-même. Je vois là à quel point je suis à mille lieues d'autres professionnels de la petite enfance qui restent certains que l'enfant se doit de s'accommoder seul à la réalité, aussi dure soit elle, pour véritablement l'accepter. Un enfant plus fragile qu'un autre ne peut l'affronter seul. Une fois de plus, c'est l'adulte qui rend l'enfant plus « résilient » avec son savoir-faire éducatif. La parole de l'adulte devient elle-même facteur de résilience pour l'enfant. « Il est donc possible de modifier le sentiment intime d'une personne en agissant sur les récits qui l'entourent, sur ce qui est dit autant que sur la manière de le dire. La rhétorique, en donnant une forme verbale et gestuelle aux événements qu'elle raconte, structure l'intimité des individus[1]. »

➤ *Lui apprendre à « penser » l'autre...*

Il est doublement important de « parler » avec l'enfant de ce qu'il vient de vivre négativement : nous lui faisons prendre une distance émotionnelle et lui apprenons à mieux « penser » la réalité. En neuropsychologie, les « traces cognitives non conscientes », c'est à dire toutes les pensées qui n'ont pas été à un moment ou à un autre « relativisées » alimentent la mémoire. Cette mémoire automatique va fixer une émotion négative à l'événement vécu par l'enfant. L'enfant se crée une « logique d'inférences » jamais disputée par d'autres informations, ce qui génère une grande vulnérabilité : il apprend seul que toute adversité reproduira toujours le même effet. Dès lors, toutes sortes de troubles peuvent surgir comme les phobies sociales qui signent le refus de tout

1. B. Cyrulnik, *Autobiographie d'un épouvantail*, *op. cit.*, p. 15.

rapport humain. Si aucune médiation n'est venue « disputer » les pensées que l'enfant vient de se forger avec ses émotions du moment, il peut entrer dans la pathologie. C'est bien l'adulte, avec sa capacité cognitive formelle de « repenser » les faits, qui est celui qui réapprend la réalité à l'enfant. Il lui enseigne une autre façon de penser la vie et l'incite à devenir plus « rationnel » : l'enfant retrouve une harmonie avec la « réalité vraie » et ne se soumet plus à ses propres interprétations qui sont le plus souvent disproportionnées et rarement « relativisées ».

TEST 9

Aider votre enfant à relativiser !

Événement déclencheur...	Ce que peut se dire votre enfant...	Ce que vous pouvez lui dire...
1. On se moque de son physique.	Je ne suis pas beau, on ne m'aimera pas... Je devrais avoir une autre « tête » !	Les « critiqueurs » ne voient que les différences, ils refusent de voir toutes les autres qualités.
2. On le traite d'imbécile.	Je suis moins intelligent que les autres... On ne devrait pas se moquer de moi !	Ce que pensent les autres ne fait pas ta valeur mais les enfants-rois veulent te faire du mal.
3. On le bouscule.	Les autres enfants ne devraient pas être méchants...	Il existe des enfants mal élevés qui agressent les autres.
4. On ne lui prête pas un jouet.	Il devrait jouer avec moi...	Certains enfants ne pensent pas à faire plaisir aux autres.
5. On lui vole un objet.	C'est pas juste, on ne devrait pas voler...	Certains jaloux prennent ce qui ne leur appartient pas.

Événement déclencheur…	Ce que peut se dire votre enfant…	Ce que vous pouvez lui dire…
6. Quelqu'un lui a dit qu'il était maladroit.	Je n'arriverai jamais à faire ceci ou cela, je ne suis pas « doué » pour… Cela devrait être plus facile !	Beaucoup de choses s'apprennent, l'adresse vient souvent par répétition.
7. Il obtient de plus mauvaises notes que les autres.	Je ne suis pas assez bon pour l'école… Je devrais avoir de bonnes notes !	Il est bon de vérifier la quantité de travail scolaire que tu fournis.
8. On ne vient pas vers lui pour lui demander de jouer.	Les autres enfants ne m'aiment pas… Ils devraient venir au-devant de moi s'ils étaient gentils !	Il faut que tu apprennes à communiquer avec les autres.
9. Il est plus « faible » que les autres en sport.	Je n'arriverai jamais à être aussi « forts » qu'eux… J'aurais dû être naturellement plus fort…	Même si tu n'es pas un « champion » tu peux améliorer tes performances.
10. On critique le travail de ses parents.	J'ai honte, mes parents devraient avoir un « beau métier ».	Tout travail est louable même s'il n'est ni reconnu ni très lucratif.
11. Les autres ont plus de cadeaux que lui à Noël.	C'est injuste, tous les enfants devraient être gâtés !	Tous les parents n'ont pas les mêmes revenus ! Faire plaisir n'est pas forcément acheter le cadeau le plus cher !
12. Un(e) « ami(e) » refuse de venir le voir.	C'est bien la preuve qu'il (elle) ne m'aime pas… Un(e) bon(ne) ami(e) doit être disponible !	Même les amis sont parfois préoccupés par d'autres choses et peuvent nous oublier !
13. Personne ne lui a adressé la parole pendant une fête entre enfants.	Donc personne ne s'intéresse à moi… Si j'étais un enfant « bien », les autres viendraient vers moi.	Il faut parfois provoquer la « relation » et ne pas attendre passivement. Être isolé n'est pas la preuve qu'on est moins que rien !

Événement déclencheur...	Ce que peut se dire votre enfant...	Ce que vous pouvez lui dire...
14. On se moque de ses habits.	Je dois être ridicule...	Les enfants ont des goûts différents... Les plus méchants aiment faire du mal...
15. Il n'a pas l'« oreille musicale » comme d'autres de sa famille.	Je ne suis pas aussi « bon » que les autres... Je devrais être aussi performant...	À chacun ses talents : certains sont musiciens, d'autres sportifs, d'autres bricoleurs...
16. Les autres enfants disent qu'il est « peureux »...	J'ai peur de tout... Je « devrais » être plus courageux...	Tu es un enfant inquiet, tu vas apprendre peu à peu à mieux contrôler tes émotions...
17. Les adultes ne parlent jamais de lui...	Cela prouve bien que je ne suis pas grand-chose... je devrais faire quelque chose de remarquable...	Tu es un enfant discret, souvent réservé, et personne ne peut parler de ce qui est « secret » !
18. On se moque de lui parce qu'il pleure facilement.	C'est la preuve que je suis trop sensible... Je devrais être plus « fort »...	Être émotif n'est pas un défaut... mais nous travaillerons avec toi les difficultés de ce tempérament...
19. Il n'aime pas les jeux de son sexe.	Je devrais être comme tous les autres garçons ou filles...	Tu sembles être différent, nous en parlerons souvent si tu le veux bien...
20. Les autres travaillent plus vite que lui pour les tâches scolaires...	Je devrais aller aussi vite qu'eux si j'étais intelligent...	Tu travailles moins vite que les autres, nous allons voir ce qui te freine : ta façon d'apprendre, l'absence de méthode ?

Éviter le « cocooning »

Quand l'environnement familial s'avère trop douillet, l'enfant n'apprend pas la réalité mais demeure dans son monde « virtuel ». Nous, les parents, voulons protéger notre enfant et nous avons souvent tendance à lui éviter les adversités. Je le répète, sans vouloir prôner une éducation « à la spartiate », il est souhaitable de mettre son enfant dans des situations parfois difficiles et surtout sur le plan « relationnel ». Combien d'enfants « introvertis » ou tout simplement timides refusent une activité de loisir par crainte des « autres » : le parent doit comprendre ces craintes, aider à l'expression de certaines émotions, mais il se doit aussi d'obliger progressivement son enfant à se confronter à cette réalité-là. Pour autant jeter l'enfant qui a peur de l'eau immédiatement dans le grand bain n'est guère fructueux. Ce n'est pas un « Fais ça tout de suite » qui le renforcera positivement dans la poursuite de ses efforts : il sera bon de l'inciter à découvrir graduellement les situations qu'il craint le plus. Des étapes sont nécessaires. Le parent doit se persuader que les mauvais moments que vit son enfant sont acceptés progressivement et qu'ils vont le construire et lui apprendre que ce qu'il craint le plus n'est pas « la » réalité.

À ce titre, des spécialistes comme F. Fanget[1] et G. George[2] nous aident à comprendre que la « confiance en soi » est avant tout un savoir-faire. C'est en « osant », en se frottant au possible échec que l'enfant dédramatise ce qu'il croyait destructeur, c'est en quittant son monde « parfait » qu'il apprend peu à peu ce fameux « principe de réalité ». L'enfant qui sait prendre des risques va lutter contre ses attentes perfectionnistes, ce qui

1. F. Fanget, *Toujours mieux*, Paris, Odile Jacob, 2006.
2. G. George, *La Confiance en soi de votre enfant*, Paris, Odile Jacob, 2007.

l'aide à humaniser et relativiser certaines de ses attentes « irrationnelles ». Ce « savoir-faire avec les autres » permet à l'enfant de dépasser les inévitables échecs relationnels et l'incite à accepter les dysfonctionnements de la condition humaine.

L'enfant devient un humain « réaliste » et donc « faillible », ce qu'il faudra bien qu'il accepte vis-à-vis de lui et surtout vis-à-vis des autres quand il est de tempérament plus anxieux. Accepter l'autre, devenir « résilient social », c'est donc apprendre et accepter la frustration de ne pas vivre tout seul.

CHAPITRE 5

L'enfant « fort » ou l'enfant qui accepte les frustrations

L'anxiété d'un enfant lui fait douter de sa valeur et craindre la présence, le regard des autres. Il peut apprendre à mieux s'accepter avec ses qualités et ses défauts et se sentir moins coupable d'être ce qu'il est. Il peut entendre qu'il n'est pas entouré que de bonnes personnes et que sa recherche d'être « apprécié » à tout prix est illusoire. Il gagne peu à peu une meilleure confiance en soi et une plus grande estime de soi malgré les adversités de la réalité. Pour lui, les frustrations de la vie ne sont pas liées aux efforts exigés et aux contraintes quotidiennes.

En revanche, les enfants « intolérants aux frustrations » ne dramatisent pas leurs faiblesses ou l'appréciation des autres, mais souffrent de vivre dans une réalité qui ne leur procure pas tout le temps du « plaisir ». Sans être vraiment des « enfants-rois » (mais ils peuvent le devenir), ils signent certaines caractéristiques communes. Leurs demandes et leurs attentes sont souvent irréalistes et c'est bien là que le parent se doit d'intervenir. Voyons d'abord ce qu'est au juste cette « intolérance aux frustrations ».

Un monde parfait ?

➤ *Le refus des frustrations*

Lorsqu'on rencontre les enfants « LFT » comme disent les Anglo-Saxons (« *low frustration tolerance* » ou faible tolérance aux frustrations), on est alarmé par toutes sortes de dysfonctionnements. Rien ne semble les satisfaire, ils ne sont jamais contentés, ils sont toujours en demande de quelque chose, ils sont dans une inlassable « quérulence ». En psychiatrie, cela définit une revendication insatiable, une symptomatologie qui signe des profils quasiment « paranoïaques ». Sans être délirants, beaucoup d'enfants souffrent de cette quête sans fin du plaisir immédiat, de cette volonté de ne subir aucun « manque », aucune « frustration » ; et c'est ce qui les rend malheureux puisqu'ils courent après une chimère : maîtriser constamment l'environnement, la réalité, pour jouir d'une satisfaction immédiate et éviter ainsi tout déplaisir.

Il est normal que l'enfant veuille rester dans son « principe de plaisir », le nourrisson ne peut pas faire autrement que de tenter de retrouver la pleine satisfaction de ses besoins. Du ventre de la mère à la naissance, la marche se révèle particulièrement haute : l'enfant n'est plus en fusion totale avec un corps qui lui procure « tout, tout de suite », il devient un être à part entière qui va *demander* pour survivre mais aussi, et, c'est sans doute là le drame, *attendre* que l'on subvienne à ses besoins. Dès lors commence cet apprentissage de la vie qui va normalement équilibrer plaisir et frustration. Les premières années s'inscrivent bien dans cet objectif : comment l'enfant va-t-il s'accommoder à la réalité, aux exigences du quotidien et des autres sans quitter son envie de devenir un être humain à part entière, avec ses talents, ses désirs, avec toute sa singularité ?

➤ *L'enfant-roi est nu… il vit dans l'illusion*

Les dysfonctionnements de ces enfants me motivent à trouver des hypothèses pour pallier les carences dont ils souffrent. Quand je citais Alphonse Allais (« Il y a des moments où l'absence d'ogres se fait cruellement sentir »), je voulais avant tout nous mettre en garde contre ce déséquilibre entre le plaisir de l'enfant et son acceptation de la réalité. Quand il ne vit que pour sa jouissance, l'enfant prend subrepticement le pouvoir dans la famille, signe des attitudes de plus en plus tyranniques et provoque inéluctablement le rejet de l'adulte. Dès que nous commençons à ressentir de l'ambivalence envers un enfant, c'est indubitablement le signe qu'il n'est pas qu'enfant mais qu'il devient enfant-roi, donc contre la réalité adulte, contre nous et non plus avec nous. Les enfants-rois sont omnipotents mais surtout malheureux de vivre une illusion permanente : « J'ai vaincu le principe de réalité. » Il n'est donc question ni de victoire du réel sur l'enfant (l'éducation autoritariste annule l'individualité), ni de victoire de l'enfant sur le réel (l'éducation permissive détruit le sens de la réalité). Il s'agit de lui apprendre ce fragile équilibre entre sa singularité et ce qu'il ne peut pas éviter en tant qu'humain : une vie pas toujours facile et très souvent sociale.

Dans mes rencontres professionnelles, comme dans mes observations hors du cabinet de consultation, je vois de plus en plus un déséquilibre entre la quête du plaisir de l'enfant et son acceptation de la réalité et de ses incontournables aléas et contraintes. Alors, comment vous aider, vous, les parents, les éducateurs, à équilibrer constamment les besoins et les désirs de l'enfant avec les limites, voire les interdits de la réalité, qu'elle soit sociale ou simplement réalité tout court ? (Le « besoin » est entendu dans son acception première : ce qui est indispensable à entretenir la vie comme l'alimentation ou le sommeil. Le « désir » se comprend dans cette volonté d'être de l'enfant quand il se veut unique, quand il tente de définir sa propre personnalité.)

➤ *Le « lien soi-autrui »*

Ce qui caractérise l'humain est la conscience qu'il a de lui, des autres et de la réalité. S'il n'a pas vécu, s'il n'a pas appris la valeur de son ego, il risque de reprendre des réponses émotionnelles primaires quand il est dépassé par les adversités de la vie. Un enfant qui n'acquiert jamais une bonne confiance en lui-même va être la proie de l'angoisse dès qu'il se trouve dans un contexte difficile, même si ce contexte ne revêt pas un caractère de réelle dangerosité. Nous l'avons vu au chapitre 3, seule une éducation à l'« acceptation de soi » lui permet d'affronter le monde avec des émotions plus souples et moins disproportionnées. Cependant tout n'est pas problème d'ego ou d'estime de soi et l'enfant doit aussi s'accommoder aux « autres » pour créer le « lien soi-autrui ». Il devra appréhender au jour le jour des situations plus ou moins déplaisantes ou contraignantes, des aléas « frustrants ». Après l'acceptation inconditionnelle de « soi » et des « autres », il lui faudra donc acquérir cette autre force pour vivre plus heureux : une grande tolérance aux frustrations devant la « réalité ». Et cette « acceptation inconditionnelle de la réalité » lui apporte la résilience émotionnelle que nous, les parents, lui souhaitons tous.

➤ *Le retour de bâton ?*

La tentation est grande de faire l'amalgame entre un « plus d'autorité éducative » et l'autoritarisme d'antan. L'éducation des parents et l'autorité adulte sont toujours soupçonnées, dans notre culture, d'annuler la singularité de l'enfant. Alice

Miller parlait de « pédagogie noire[1] » et, depuis, l'éducation demeure souvent associée à l'écrasement et à la manipulation de l'enfance. Récemment, le film de Michael Haneke[2] nous redit le risque de l'autoritarisme parental : quand l'enfant n'existe que par soumission aux valeurs du *pater familias*, des dogmes religieux ou culturels, il peut exacerber une haine profonde de lui-même et des autres. Il peut devenir une future pâte à modeler pour les idéologies où domine la volonté de formater les enfants de telle ou telle façon. Souvenons-nous des dictatures qui ont toutes eu leur mot à dire sur l'éducation et dont le seul but était de tuer toute singularité chez l'enfant au profit de la collectivité, de la mère patrie. Les jeunesses hitlériennes, pétainistes, staliniennes, maoïstes n'ont jamais respecté l'enfance, elles n'ont vu en elle qu'une vie à façonner pour les besoins des adultes endoctrinés. Pas question non plus de défendre une philosophie « spartiate » de l'éducation qui viserait à briser l'enfance pour mieux forger l'adulte ou le « guerrier » attendu.

N'oublions pas cependant qu'à l'inverse, la permissivité éducative sait engendrer des monstres d'égocentrisme. Le roman de William Golding[3], repris au cinéma par Peter Brook, est significatif et nous alerte sur la barbarie des enfants quand ils n'ont plus d'adultes pour les contenir ou tout simplement pour les éduquer.

Le curseur, une fois de plus, est à placer au milieu : l'éducation, c'est l'autorité juste, celle qui apprend à l'enfant la réalité tout en lui reconnaissant sa propre réalité singulière. Cela n'a rien à voir avec la castration éducative ou le laxisme.

1. Alice Miller, *C'est pour ton bien*, Paris, Aubier, 1984.
2. M. Haneke, *Le Ruban blanc*, 2009.
3. W. Golding, *Sa majesté des mouches*, Paris, Gallimard, 1956.

➤ *De l'« enfant-roi » à l'enfant vulnérable*

Existerait-il un syndrome culturel ? Selon le livre de Vivianne Kovess-Masfety[1], la demande en pédopsychiatrie s'est envolée chez les enfants occidentaux. N'existe-il pas un problème de diagnostic ? En effet, quand on parle de « troubles anxiodépressifs » (anxiété comme la peur des situations nouvelles, le fait de se sentir malheureux), d'une augmentation des dépendances aux produits toxiques et autres « paradis artificiels », nous pouvons sans doute ajouter cette vulnérabilité de certains enfants quand il s'agit tout simplement d'accepter la réalité et ses frustrations. L'intolérance aux frustrations de certains enfants peut devenir une véritable pathologie.

Nous voulons tous protéger nos enfants et parfois nous annulons, sans le savoir, tout désagrément, déplaisir ou simple « frustration », notre enfant risque, dès lors, de fuir la réalité. Et pourtant, nous savons que les enfants qui ont appris très tôt à affronter certaines adversités du réel traduisent une plus grande force que d'autres pour appréhender le quotidien à l'adolescence ou à l'âge adulte. Ce n'est pas parce qu'un enfant a beaucoup souffert qu'il trouvera plus facilement le bonheur de vivre, il peut « s'endurcir » et ne pas être heureux. En revanche, nous avons tous rencontré ces enfants « résilients » qui, malgré un vécu des plus traumatique, savent vivre plus heureux que certains autres plus « gâtés ». Je me souviens de ces adolescents d'un foyer d'action éducative qui appréciaient tout ce que leur nouveau refuge leur offrait alors que d'autres refusaient toujours d'accepter leur passé et de voir de possibles bonheurs. Ils toléraient leur vécu frustrant là où d'autres exacerbaient leur « intolérance aux frustrations ».

1. Vivianne Kovess-Masfety, *N'importe qui peut-il péter un câble ?*, Paris, Odile Jacob, 2008.

Alors comment favoriser cette « tolérance aux frustrations » chez notre enfant ? Comment lui faire expérimenter certains aléas sans l'exposer exagérément à la réalité ? Comment l'entraîner à l'effort pour atteindre un but pas toujours immédiat ? Tout cela mérite encore un savoir-faire éducatif.

Très tôt l'enfant comprend la réalité à sa façon. Comment pouvons-nous, nous parents, l'aider à comprendre et penser cette réalité plus rationnellement ? Une fois de plus, nous allons offrir à l'enfant une « médiation » pour lui éviter de se figer dans des automatismes de pensée qui ne feront que se rigidifier avec son développement. Éduquer notre enfant en ce sens, c'est augmenter sa « résilience ». Cette résilience est l'aspect adaptatif et évolutif du moi. Vivre réalistement, devenir « résilient », c'est aussi apprendre et accepter les frustrations du quotidien !

➤ *L'enfant « hors réalité »*

Tous les parents veulent le bonheur de leur enfant et nous avons tous cru que leur plaisir est synonyme de bien-être. De là à vouloir procurer un maximum de satisfaction à notre enfant, il n'y a qu'un pas que nous avons tous franchi allégrement. Quand un tout-petit crie de joie parce qu'il s'amuse avec son jouet préféré, il est normal d'avoir cédé pour qu'il joue encore un peu avant d'aller prendre son bain ou de nous rejoindre à table. Quand un enfant de 2 ans nous regarde tristement parce qu'il veut « promener », qui n'a pas eu le réflexe de l'emmener au terrain de jeux ? Quand un petit de 5 ou 6 ans réclame une petite sucrerie entre deux repas, qui n'a pas donné le « bonbon qui rend heureux » ? Quand un enfant d'une dizaine d'années veut telle ou telle chose pour Noël, quel parent n'a pas tenté d'acheter le contenu de la fameuse « liste » ? La maman de Kevin, 5 ans, me raconte le quotidien de son fils…

LA MAMAN — C'est la vie en rose pour Kevin… N'est-ce pas mon prince (regard mi-langoureux mi-« lassé » vers son fils)… Maman est toujours là pour faire un supergoûter et quand c'est fini, toujours la première à jouer un peu avec lui avant la séance de dessins animés à la télévision…

LE THÉRAPEUTE — Et au repas ?

LA MAMAN — Toujours pareil, maman se met en quatre pour les petits plats favoris de Kevin, parce que Monsieur n'aime pas les aliments nouveaux. Ni les légumes. Alors, comme il a faim, eh bien maman refait un petit plat de pâtes !

LE THÉRAPEUTE — En soirée ?

LA MAMAN — Mon mari m'aide… C'est lui qui va le coucher pour la petite histoire au lit. Et il en redemande, il en redemande ! Combien de fois je dis à mon mari qu'il ferait mieux de regarder la télé avec nous, ça ne le ferait pas s'endormir plus tard !

LE THÉRAPEUTE — Les week-ends ?

LA MAMAN — On s'efforce de l'emmener prendre l'air, mais il faut qu'il joue, alors on se débrouille pour trouver un jardin avec des attractions sinon il devient insupportable. C'est un enfant très dynamique, vous comprenez… Il ne peut pas rester sans rien faire. On évite la visite aux grands-parents, les repas sont trop longs et mon Kevin est un actif !

LE THÉRAPEUTE — Et à l'école ? Il est en grande section de maternelle… Il doit avoir du mal à accepter les petites règles de la vie en commun avec les autres petits… ?

LA MAMAN — Pas du tout et d'ailleurs sa maîtresse a bien compris qu'il fallait mieux lui faire une sorte de régime à part pour être tranquille…

LE THÉRAPEUTE — Alors tout va bien ! Kevin doit être le plus heureux des enfants !…

LA MAMAN — Pas vraiment, parce que dès qu'on ne fait plus ce qu'il veut, il se met dans des états et puis j'ai l'impression que… plus il grandit et plus il a du mal à vivre… Vous avez vu tout à l'heure, c'était un drame quand vous lui avez dit de ne pas prendre la statuette au-dessus de votre cheminée, il ne pouvait pas rester sur sa chaise, il fallait qu'il se balade dans votre bureau… Vous avez bien fait de demander à mon mari d'aller avec lui dans la salle d'attente pour le calmer, je sens que ça se serait gâté.

Kevin jouit à l'évidence d'un environnement familial très « Club Med » puisque tout est fait pour son bon plaisir. Il ne vit que des moments de satisfaction, chaque journée a son quota de plaisirs. Mais, nous l'avons constaté, cela fonctionne bien si personne, aucun adulte ou parent ne lui demande de faire des choses moins plaisantes, des petites tâches plus contraignantes, moins « fun », comme on dit. Et pas seulement à la maison puisque la maîtresse de maternelle semble lui avoir construit un « cours particulier » et lui évite ainsi les frustrations imposées par la vie en groupe. Kevin vit donc dans un monde artificiel où chaque adulte tente d'accommoder la réalité à ses envies alors que c'est l'inverse qui doit progressivement se mettre en place : comment l'enfant peut-il quitter son « principe de plaisir » et apprendre peu à peu à gérer les exigences, les aléas de la vie en société et de la vie tout court. Dans ce contexte très conciliant, Kevin devient peu à peu « intolérant aux frustrations » tout simplement parce qu'il ne sait pas ce que c'est, il ne vit pas avec. Il devient alors vulnérable à la moindre contrainte, impuissant à résoudre seul les problèmes rencontrés, aussi minimes soient-ils, il risque de s'enfermer dans ses jeux « virtuels » pour continuer de maîtriser une réalité qu'il refuse.

➤ *Connaître la « tolérance aux frustrations » de votre enfant*

TEST 10

Un enfant « LFT » (« *low frustration tolerance* ») ou non ?

Ce petit test n'a pas la prétention de vous dire si votre enfant accepte ou non les frustrations mais peut vous indiquer certaines « tendances ». En effet, dès que votre enfant maîtrise le langage, il sait entendre ou non les « recommandations » parentales. C'est à cet âge (autour de 2 ans et demi, 3 ans) que peuvent apparaître les premiers conflits liés à l'acceptation ou non des petites contraintes du quotidien.

Si vos réponses « oui » sont majoritaires dans la colonne « Il accepte les frustrations », vous avez sûrement constaté que votre enfant n'appréciait pas toujours les petits aléas ou déplaisirs de la journée, mais qu'il faisait plus ou moins avec, car il n'est pas question de s'attendre à ce que notre enfant fasse tout et accepte tout avec le sourire, c'est un enfant. En effet, ne l'oublions pas, ces « frustrations » ne sont pas naturelles : il est normal qu'il cherche parfois à les contourner mais important qu'au final il les vive sans crise.

Si vos réponses « oui » sont majoritaires dans la colonne « Il a du mal avec les frustrations », rien n'est perdu, mais il est temps de réapprendre à votre enfant que tout n'est pas permis et qu'il ne peut pas toujours faire ce qu'il veut, qu'il n'est pas le centre du monde. Et si votre enfant est un peu « LFT » (avec un faible seuil de tolérance aux frustrations selon l'expression anglo-saxonne), cela peut se corriger et une lecture attentive de la suite de ce chapitre peut être bénéfique !

Les attitudes de mon enfant...	Il accepte les frustrations	Il a du mal avec les frustrations
Il sait attendre quand il veut quelque chose.	oui	non
Il ne cesse de réclamer quand il veut quelque chose.	non	oui
Il ne peut pas s'arrêter de jouer ou de faire quelque chose.	non	oui

Les attitudes de mon enfant…	Il accepte les frustrations	Il a du mal avec les frustrations
Il ne fait pas d'histoires s'il doit stopper une activité plaisante.	oui	non
Il ne supporte pas que des adultes parlent entre eux, il tente de « couper » la parole.	non	oui
Il sait écouter les adultes parler entre eux sans faire d'histoires.	oui	non
Il attire l'attention dès qu'on ne s'occupe plus de lui.	non	oui
Il accepte de ne pas toujours être le centre d'intérêt des autres.	oui	non
Il demande « toujours plus » et ne sait pas se contenter de peu.	non	oui
Il ne « quémande » pas, il sait s'occuper avec les mêmes activités.	oui	non
Il réclame toujours des gratifications pour « après » (petit cadeau, bonbon au goûter, bisous pour le soir…).	non	oui
Il sait profiter de ce qui est plaisant dans le « maintenant ».	oui	non
Il a du mal à accepter de venir manger quand on le lui demande.	non	oui
Il est heureux de nous rejoindre pour les repas même s'il est occupé ailleurs.	oui	non
Il rechigne toujours pour « aider »	non	oui
Il sait donner un petit coup de main sans faire d'histoires.	oui	non
Il va se coucher sans problème.	oui	non
Il retarde au maximum l'heure de dormir, sollicite les adultes.	non	oui

Les attitudes de mon enfant...	Il accepte les frustrations	Il a du mal avec les frustrations
Il abandonne très vite une activité « difficile ».	non	oui
Il sait répéter une tâche, il est tenace, n'abandonne pas.	oui	non

➤ *Du mythe de Thétis*

Dans la mythologie, lorsque Zeus décide d'unir la déesse Thétis à Pélée, il désire punir celle qu'il aurait aimé épouser. Lorsqu'il la lie à un mortel, il sait que ses enfants ne seront jamais des dieux. Et dès la naissance de son fils Achille, Thétis n'a plus qu'un objectif : le rendre immortel. Pour cela, elle le place dans le feu pendant la nuit et l'oint d'ambroisie le jour. On dit aussi que Thétis trempa le bébé dans l'eau glaciale du Styx pour le rendre invulnérable mais que le talon, par lequel elle le tenait, ne toucha pas l'eau. Cette partie du corps resta donc vulnérable, d'où l'origine de l'expression du « talon d'Achille ».

Jean-Jacques Rousseau [1] évoque ce mythe pour nous alarmer sur le danger d'une trop grande permissivité éducative : « Thétis, pour rendre son fils invulnérable, le plongea, dit la fable, dans l'eau du Styx. Cette allégorie est belle et claire. Les mères cruelles dont je parle font autrement ; à force de plonger leurs enfants dans la mollesse, elles les préparent à la souffrance ; elles ouvrent leurs pores aux maux de toute espèce, dont ils ne manqueront pas d'être la proie étant grands. »

Sans conclure que tout « cocooning parental » engendre forcément des enfants très vulnérables devant la réalité, il apparaît que beaucoup d'enfants qui n'ont pas connu la frus-

1. J.-J. Rousseau, *Émile ou De l'éducation*, *op. cit.*

tration dans leur vie quotidienne souffriront tôt ou tard de cette terrible fragilité qu'est l'intolérance aux frustrations. À force de ne connaître que la satisfaction de leur « principe de plaisir », la réalité leur paraît souvent trop dure et douloureuse parce que impossible à gérer dans ses moindres difficultés. Le simple déséquilibre du départ entre le principe de réalité et le principe de plaisir, devient, avec les années, et si rien n'est fait pour inverser la tendance, une véritable pathologie du réel.

➤ *« J'ai pas envie ! »*

Il n'est pas besoin de s'appeler Achille pour souffrir d'une trop grande fragilité face au réel.

Clarine, 4 ans et demi…

CLARINE — Je veux pas lui parler !

LES PARENTS (parlant du thérapeute qu'ils ont consulté) — Mais tu sais bien que ce monsieur est là pour t'aider, tu vas lui parler quand nous retournerons dans la salle d'attente…

CLARINE — Je veux pas !

LES PARENTS — Tu sais, je suis sûre que le monsieur est gentil… Tu vas faire de beaux dessins avec lui…

CLARINE — J'ai pas envie !

LE THÉRAPEUTE — Est-ce que Clarine emploie souvent cette expression : « J'ai pas envie ! »

LES PARENTS — C'est pratiquement tout le temps. Clarine, c'est « J'ai pas envie » quand il faut se lever le matin pour l'école, « J'ai pas envie » si elle n'a pas ses céréales préférées au petit déjeuner, « J'ai pas envie » si la maîtresse propose une activité qui ne lui plaît pas, « J'ai pas envie » quand elle doit arrêter de regarder un dessin animé à la télévision, « J'ai pas envie » quand elle doit cesser de jouer pour nous rejoindre au dîner, « J'ai pas envie » quand il faut nourrir le hamster, « J'ai pas envie » au moment de se coucher. Clarine n'a jamais envie…

Ou plutôt si, chers parents, Clarine n'a que des envies ! Que signifie ce « J'ai pas envie ! » ? C'est tout simplement l'expression même de ce fameux « principe de plaisir » : avoir envie de faire quelque chose, c'est faire ce que j'ai envie de faire sur le moment, c'est répondre à cette impulsion qui fait que je veux obtenir immédiatement une gratification, tirer un plaisir de la vie que je mène. *A contrario*, toute demande qui va à l'encontre de mon plaisir sera vécue comme inacceptable et refusée. Le « J'ai envie de vivre comme je l'entends » supplée le « principe de réalité » qui, lui, nous inculque peu à peu le « Je ne peux pas faire tout le temps ce que je veux quand je le veux… » Pour Clarine et d'autres enfants vulnérables à la réalité, il n'existe que deux axiomes : « J'ai pas envie » ou « J'ai envie » !

D'ailleurs, avec le temps, le langage évolue lui aussi et le « J'ai envie ! » des enfants auxquels on apprend le principe de réalité cède progressivement devant l'emploi de verbes au mode conditionnel. À cette affirmation, qui traduit bien « Il faut que la vie se passe comme je le veux », se substitue un « J'aimerais bien que… » qui annonce un bel équilibre entre les désirs de chacun et l'acceptation de la réalité. Souhaiter obtenir quelque chose n'est pas abandonner son désir, c'est surtout savoir inclure que la réalité peut soit accéder à mes demandes, soit ne pas y répondre. Au lieu d'un raisonnement linéaire, on inclut d'autres hypothèses !

L'acceptation de la réalité ne se traduit pas en une « envie » avec ses multiples « commandements » irréalistes, elle devient une appréhension rationnelle de notre vie quotidienne : « Je vais tout faire pour jouir de cette réalité, mais je sais qu'aucune "loi" ne me donnera toujours satisfaction et qu'il est incontournable de vivre des frustrations. » Et cela, je le répète, s'apprend et ne peut s'inscrire naturellement dans la vision du « monde » que le tout-petit enfant peut avoir.

La frustration s'apprend !

➤ *Éduquer la « tolérance aux frustrations »*

Tolérer les frustrations n'est donc pas une qualité innée chez l'enfant et pourtant sa vie quotidienne, au fur et à mesure qu'il grandit, va lui faire connaître bon nombre de refus, d'oppositions, de contraintes, voire de déplaisirs. L'enfant, nous l'avons compris, ne peut pas disserter philosophiquement sur le sens de son adaptation à la réalité. Le « verbe » ne peut suffire, surtout lorsqu'il est tout petit et même lorsqu'il est doué de langage. Le verbiage accommode rarement l'enfant à la réalité et nous risquons de le mettre dans un monde qui n'est pas le sien.

L'enfant se comporte « pulsionnellement » avant de « penser ses actes ». Quand il agit, il apprend peu ou prou la vie. S'il est laissé seul à tout découvrir, son apparente autonomie fera illusion, mais ne traduira la plupart du temps qu'une faible « accommodation » au réel. La sacro-sainte volonté de laisser l'enfant découvrir à tout prix par lui-même la réalité et ses difficultés est un mauvais cadeau. L'enfant ne peut pas accepter seul que la vie ne soit pas ce qu'il a envie qu'elle soit. Là encore, les parents vont être ce lien indispensable entre la réalité de l'enfant et la réalité tout court.

Plus il est jeune, plus l'enfant doit être protégé par le parent qui, lui, va décider ou non de le laisser connaître certains aspects de la réalité. L'autonomie qui consiste à laisser seul l'enfant vivre et interpréter le réel risque bien de le confiner dans ses premières certitudes : l'environnement se doit de répondre à mes besoins, point final !

Alors, pour qu'il devienne un « être » humain à part entière, il lui faudra avant tout « faire » pour expérimenter, comprendre, apprendre.

➤ *L'enfant et la satisfaction immédiate*

LA MÈRE — Émilie (3 ans et demi) ne cesse de demander, elle est usante...

LE THÉRAPEUTE — De demander ?

LE PÈRE — Elle ne peut pas rester une minute sans nous demander quelque chose. L'autre jour, elle arrive dans le salon et veut des piles pour un de ses jouets. Cinq minutes après, elle réclame sa mère pour jouer avec elle à la poupée. Deux minutes après, c'est mon tour, elle veut sortit dans le jardin. Oui, elle nous « use »...

LE THÉRAPEUTE — Que faites-vous à la première demande ? Quand elle réclame des piles pour son jouet ?

LE PÈRE — Eh bien je lui donne des piles... En fait, je me rends compte maintenant qu'elle me harcèle pour les piles et qu'au final, je dois arrêter une activité pour trouver un tournevis et lui changer les piles...

LE THÉRAPEUTE — ...

LE PÈRE — Je vois... c'est ce que vous voulez dire par « frustrer » en amont... C'est quand elle demande des piles qu'il faut que je dise : « Non ! »

LE THÉRAPEUTE — Pour qu'Émilie apprenne deux choses : obtenir tout tout de suite n'est pas bon pour elle, la réalité, c'est souvent l'inverse... Et en plus, souvenez-vous... ses parents ne sont pas à sa disposition tout le temps...

LA MÈRE — Et c'est l'escalade des demandes après si on cède...

LE THÉRAPEUTE — Oui, lorsque l'enfant obtient « immédiatement », vous le conditionnez pour qu'il redemande « encore plus » plus tard... puisqu'il sait que ça marche.

Je reprends alors avec les parents une anecdote qu'ils m'avaient contée : Émilie mange avec son frère (7 ans) et se met à hurler. Elle veut changer de place. Les parents ne lui demandent pas pourquoi et n'insistent pas sur le fait qu'elle doit rester à sa place. Au contraire, ils obtempèrent et lui proposent qu'elle finisse son repas sur le canapé qui jouxte la table. Mamy est assise sur ce canapé. La maman demande à Émilie si elle veut s'asseoir près de mamy et c'est le drame... « Non, pas mamy !... » Les parents se fâchent et renvoient Émilie avec perte et fracas vers la cuisine pour finir le repas... C'est un exemple typique de ce qu'il faut éviter avec un tout-petit : céder à la première demande sans avoir aucune information. Si, au « Je veux changer de place ! » du tout début, les parents comprennent qu'il y a une bonne raison, pourquoi pas mais c'est rarement le cas. Émilie avait sans doute eu une altercation avec son grand frère et elle voulait « changer de place » pour éviter un désagrément. Dans ce cas, la solution « changer de place » va dans son sens. Émilie ne peut supporter la frustration et elle va obtenir que la réalité s'accommode à elle (changement de place) et non l'inverse (même si mon frère est désagréable, je ne peux pas forcément l'éviter). Si la réponse parentale conduisait à la trêve, pourquoi pas ? Mais, la plupart du temps, elle n'apporte qu'une fausse accalmie parce que l'enfant vient de vivre son principe de plaisir : rien ne doit heurter mes demandes. Émilie obtient le changement de place... Mais, mamy se trouve sur le canapé. Si l'enfant a des rapports « très positifs » avec sa mamy, il gagne et sera, très temporairement, calmé... Si mamy est un peu « éducatrice » et pas toujours conciliante avec ses petits-enfants, ce qui est le cas dans la famille d'Émilie, la petite va refuser d'aller manger près d'elle et l'escalade des comportements négatifs s'amplifie...

➤ *Un enfant « tolérant aux frustrations »*

Alors, qu'est-ce qu'un enfant « tolérant aux frustrations » ? Est-ce un enfant docile qui dit « amen » à toute exigence parentale ? Non, lui aussi, va demander à changer de place au repas si la fratrie l'ennuie, mais ce ne sera pas la fin du monde si les parents lui demandent de ne pas quitter la table. Pourquoi une dramatisation de ce genre d'événement chez un tout-petit alors qu'un autre semble accepter plus facilement ? L'un pense que c'est un crime de lèse-majesté de devoir s'accommoder à l'environnement, il ne veut pas vivre une quelconque contrainte et veut rester dans son bon plaisir, c'est-à-dire dans le « principe de plaisir ». L'autre enfant, habitué à vivre avec les autres, sait que la grande sœur ou le grand frère ne sont pas toujours en accord avec tout ce qu'il dit ou fait. Il apprend peu à peu que la vie en commun, c'est non seulement savoir vivre les différences des autres (voir les apprentissages du chapitre précédent), mais surtout accepter que l'on ne peut pas éviter la frustration en obtenant immédiatement qu'elle disparaisse. En résumé, pour reprendre notre exemple, les parents vont dire à l'enfant qui « accepte » : « Ton frère ou ta sœur t'ennuient, nous allons voir ce qui se passe mais sache que ce genre de situation arrive toujours avec les autres et ce n'est pas en mangeant ailleurs que tu vas régler le problème... »

Dès lors, l'enfant apprend que ce n'est plus « lui contre les autres » mais « lui avec la difficulté de vivre avec les autres ». Il vit la « frustration », non pas comme une souffrance intolérable parce que contraire à son désir de rester dans la satisfaction immédiate, mais comme un moment inévitable du quotidien. Même si le parent lui apprend ensuite à mieux gérer ces petits conflits pour moins subir les autres, il est indispensable qu'il accepte, dans un premier temps, que la vie « est » comme ça et non pas qu'elle « devrait être » comme ça...

Un enfant tolérant aux frustrations apprend progressivement à

– Combler ses besoins de sommeil et d'alimentation sans que cela soit toujours « tout, tout de suite ».
– Partager des moments privilégiés avec ses parents sans exiger une relation exclusive.
– Vivre son plaisir sans empiéter sur la liberté d'autrui.
– Ne pas rechercher constamment la « satisfaction immédiate » de ses « désirs ».
– Interrompre un moment de satisfaction pour faire des choses pas toujours plaisantes.
– S'habituer aux rythmes d'une vie sociale qui ne peut pas s'organiser selon ses propres demandes.
– Supporter la réalité même lorsqu'elle ne répond pas à ses attentes.
– S'amuser en sachant que cela n'est pas possible tout le temps.
– Communiquer avec les autres et les adultes sans vouloir monopoliser l'attention de tous et être l'unique centre d'intérêt.

C'est un enfant qui, en fait, apprend à jouir de la vie sans s'attendre à ce que ce soit permanent, un enfant qui devient peu à peu « réaliste », qui sait allier son bonheur propre avec les exigences du « principe de réalité ».

Que pouvons-nous faire ?

Je revois cette jeune maman d'une trentaine d'années m'interpellant lors d'une conférence. Elle me dit être perdue avec cette idée d'éduquer à la frustration. Elle a vécu une enfance sans frustrations et semble être en terre totalement étrangère : « Je ne sais pas ce qu'est la frustration pour un enfant, surtout pour un tout-petit… De mon enfance, je n'ai le souvenir que de moments heureux avec mes proches… »

➤ *Une éducation sans jouissance ?*

Je rencontre beaucoup de parents du même âge qui ont ces interrogations et ces réticences : ils n'ont connu qu'une éducation heureuse et positive, ils ne voient pas où je veux en venir même s'ils concèdent que ce bonheur constant d'enfant les a parfois fragilisés pour affronter certaines épreuves du quotidien. Le débat reste toujours cette opposition entre une éducation qui se dit « heureuse » et l'autre qui ne serait que « frustrante ». L'équilibre est entre les deux et je ne prône pas un rôle parental visant à supprimer tout plaisir chez l'enfant.

Le plaisir est fondamental chez le petit enfant. Lorsqu'il se sent aimé, choyé, reconnu, admiré, lorsqu'il réussit ce qu'il entreprend et qu'il vit les joies de la réussite, quand il prend du plaisir en jouant seul ou avec les autres, il se construit une belle image de soi et se forge peu à peu une confiance qui lui permet d'envisager certaines adversités futures. Mais cela ne suffit pas s'il n'expérimente pas des moments d'échec, de non-reconnaissance d'autrui, de distance relationnelle voire de moments conflictuels, s'il ne connaît pas l'attente, l'ennui, le « manque », s'il n'apprend pas aussi une réalité qui ne peut pas n'être que jouissance et bonheur.

Pas question de revenir aux préceptes religieux ou éducatifs qui prêchent une réalité de frustrations pour mieux rêver du paradis. Le bonheur se doit d'être avant tout « terrestre » mais cette jouissance « immédiate » uniquement matérialiste que nous impose la société consumériste est le paravent de beaucoup de fausses jouissances. En fait, éduquer à la frustration, c'est donner du vrai bonheur à son enfant, c'est l'éduquer à jouir de bonheurs immédiats, à connaître le plaisir de ses sens mais c'est aussi et surtout l'encourager à trouver d'autres bonheurs moins évidents, ceux de l'hédonisme à moyen et long terme : savoir parfois renoncer à l'immédiateté pour envisager des plaisirs plus construits, plus aboutis parce que plus désirés.

C'est en « amont » qu'il faut apprendre à l'enfant le principe de réalité et il est toujours bon de se questionner. Mon enfant a eu beaucoup de satisfactions immédiates, tant mieux et comment lui en faire vivre encore ? Ai-je oublié de lui enseigner et de lui faire vivre des moments de frustration ? Il est temps de prendre quelques exemples.

➤ *S'habituer aux frustrations*

Je suis toujours étonné d'entendre les témoignages de certains adolescents, ces ados qui ne sont pas « en crise » et qui savent accepter les contraintes du scolaire, de la vie de famille et en société, qui jouissent de leur jeunesse tout en sachant attendre encore pour avoir droit à la liberté adulte. Que me disent-ils tous quand j'aborde l'épineux sujet de la nécessité de connaître la frustration au quotidien ? Ils ont très vite pris l'habitude de faire ceci ou cela…

L'habitude est une « disposition acquise par des actes répétés ; manière de vivre[1]… ». Les habitudes ont pourtant été vilipendées par les professionnels de la petite enfance[2], elles n'étaient plus comprises que comme une volonté parentale, religieuse ou sociétale, de briser la singularité de l'enfant pour qu'il se *fasse* à la manière de vivre voulue par l'ensemble. Ne transmettre que des habitudes porte ce petit goût amer du « formatage » de l'appris, du conditionnement pour parler court. À force de s'habituer, le risque n'est-il pas de ne plus

1. *Petit Larousse*, 1972, p. 435.
2. F. Dolto, *Les Étapes majeures de l'enfance*, *op. cit.*, p. 313.

avoir de libre arbitre, de se conformer sans cesse à la volonté générale, de subir patiemment cette fameuse réalité, de prendre une position résolument « stoïque » devant les adversités de la vie, les inégalités, les injustices ? Comprises dans un contexte d'autoritarisme parental et sociétal, je peux comprendre la méfiance de certains envers les habitudes en éducation. Mais, dans un contexte permissif, individualiste et matérialiste (au sens « consumériste »), les habitudes sont avant tout l'apprentissage progressif des choses moins plaisantes qui deviennent, avec la répétition, de simples moments, certes frustrants, mais acceptés parce que incontournables. C'est dès le plus jeune âge de l'enfant que nous, parents, nous pouvons donner de bonnes habitudes.

➤ *Bébé et les frustrations*

Le bébé n'a pas envie de rompre son principe de plaisir en prenant des habitudes de vie. Bien au contraire, il va très vite s'efforcer de refuser ces contraintes que l'on veut lui imposer quotidiennement. Lorsque le parent le contraint, progressivement s'entend, à réguler les heures du repas, il aide l'enfant à passer du « déplaisant » à « c'est comme ça ! ».

Apprendre à manger à certains moments, et pas systématiquement dès que l'enfant le réclame, est sans doute la toute première des frustrations. Le débat fait encore rage entre les adeptes de l'allaitement au sein ou du biberon à la demande et ceux qui défendent l'idée d'une régulation précoce de l'alimentation de bébé. Je suis bien sûr pour la régulation progressive de l'alimentation. Le normal « à la demande de l'enfant » des premiers jours doit se voir rythmé et régulé par la maman pour bien signifier à l'enfant qu'il doit apprendre à attendre et aussi à respecter la vie et les rythmes de sa mère. Cessons d'en faire le cheval de bataille de la relation mère-enfant et de faire croire que là est l'essentiel de la construction psychique du tout-petit, la régulation de l'alimentation de bébé est un bel exemple d'apprentissage de la frustration tel que je le conçois.

Quand il sera plus âgé, lui imposer de goûter les nouveaux aliments pas toujours désirés sera aussi l'occasion de lui signifier que l'on ne peut pas toujours manger que ce que l'on aime. Sans revenir aux gavages des *mater familias* autoritaristes, demander au tout-petit de goûter la nourriture préparée par son parent initie à la reconnaissance de l'autre même si cela heurte la satisfaction immédiate de manger uniquement ce qu'on aime : goûter, c'est aussi faire plaisir à celui qui propose l'aliment, c'est une frustration au principe de plaisir de l'enfant pour donner un plaisir à l'adulte, à l'autre.

➤ *Savoir dormir*

L'enfant est né pour le plaisir. Dès qu'il expérimente les joies de la relation à sa mère ou à tout autre humain, il n'a de cesse que de revivre ces bons moments à l'infini. Souvenons-nous des bonheurs de bébé quand nous le câlinons, lui parlons ou jouons avec lui. Mais les adultes le savent, il est nécessaire d'intervenir pour interrompre ces joies car le bébé ne peut de lui-même se dire : « Je suis fatigué, il faut que je me repose ! », alors c'est le moment obligé de la fameuse sieste et plus tard de l'heure du coucher. Là encore, le débat est vif entre les « pour » et les « contre ». Et pourtant, je ne vois pas pourquoi cela fait tant d'histoires d'imposer des moments de sieste au tout-petit : nous savons que son rythme biologique ne peut pas être en constante stimulation (même plaisante) et que bébé doit beaucoup dormir pour se ressourcer et retrouver de l'énergie. Pourtant, nombreux sont les adultes qui pensent que l'enfant s'endormira de lui-même s'il est fatigué et qu'il est bon de le laisser trouver son propre rythme de sommeil. Il est bien romantique de croire qu'un enfant va se réguler seul pour les temps de repos : en réalité, il va surtout tenter d'aller jusqu'au bout de sa fatigue, tout heureux, à court terme, de pouvoir continuer de jouer, de communiquer. Cela lui est très difficile d'accepter d'interrompre la vie qu'il mène, c'est-à-dire de cesser de vivre constamment selon son bon plaisir. Souvenons-nous de ces enfants qui refusent la sieste, sous prétexte qu'ils ne sont pas fatigués, et que l'on retrouve morts d'épuisement plus tard en soirée ou qui, tout à coup, s'écroulent de sommeil. Ces mêmes enfants qui, avant d'accepter le sommeil, nous montrent à quel point le manque de repos les rend de plus en plus turbulents, irascibles et intolérants aux frustrations. Eh oui ! réguler le sommeil de son enfant est primordial au même titre que la régulation de son alimentation, n'en déplaise, une fois de plus, aux affirmations de certains spécialistes de l'enfance[1].

➤ *Savoir communiquer à bon escient*

L'enfant est avant tout un « animal social » et c'est bien la relation à l'autre qui va l'humaniser. Lui parler, l'écouter, bref « communiquer » est essentiel dans son développement. L'enfant souffrira d'un mutisme parental ou d'une sorte d'exil relationnel, lui parler est tout aussi important que de lui manifester de l'attachement. Ce n'est pas une raison pour toujours communiquer avec lui. Oui, il est bon de répondre à ses nombreuses sollicitations même s'il ne possède que peu de mots mais n'en faisons pas un babilleur. À force d'avoir entendu que « tout est langage » et qu'il est bon de « parler » la relation, beaucoup de parents s'enferment dans des commentaires sans fin et ce au moindre interdit ou petit problème vécu par l'enfant.

1. F. Dolto, *Les Étapes majeures de l'enfance, op. cit.*

Oui, il est bon de « signifier » par la parole un interdit adapté et d'exprimer notre ressenti de parent, l'enfant apprend ainsi à se distancier du pur « comportemental ». Mais les excès de parole ne sont pas moins mauvais que les aberrations de certains silences adultes. Là encore, il s'agit de manier la frustration délicatement : le juste milieu, ce n'est pas dominer l'enfant par nos mots, ce n'est pas refuser d'entendre les mimiques et les ressentis d'un petit être sans langage, cela peut être, parfois, de ne pas lui parler. Ne pas parler tout le temps à son enfant, c'est lui montrer que nous ne sommes pas toujours à sa disposition pour expliquer, raconter, écouter, c'est refuser de répondre à toutes ses sollicitations, pour l'aider à se décentrer, et lui apprendre aussi à mieux gérer des moments de solitude. Quand il est plus âgé et doué de langage, c'est lui apprendre à écouter les autres et la première chose demeure une fois de plus une règle de politesse : apprendre à ne pas couper la parole, à ne pas s'immiscer dans une conversation quand on n'est pas invité à le faire…

➤ *Censurer ?*

Non, chers parents, nul n'est obligé de raconter quotidiennement une « histoire » pour aider l'enfant à s'endormir : lui dire que, ce soir, papa ou maman sont fatigués et qu'il doit se contenter d'un petit bisou est aussi une « frustration » dans le bon sens du terme. L'enfant apprend – une fois de plus, et c'est bon pour lui –, qu'il ne peut pas toujours exiger que toute la vie de famille soit centrée sur son rythme, que certains plaisirs peuvent être différés, parfois supprimés. Les moments privilégiés n'ont pas à devenir un « dû ». Ce qui n'est pas dû sera encore plus désiré. La frustration immédiate peut se transformer en un plus grand plaisir, celui d'attendre, le lendemain, l'histoire escomptée.

Quand il est plus grand, vers 3 ou 4 ans, l'enfant tente de monopoliser toute l'attention des adultes tant il est heureux de pratiquer un langage qui s'enrichit chaque jour. Bien souvent, nous sommes tellement séduits par ses réflexions et interpellés par ses questions, que nous oublions qu'il ne peut pas tout comprendre, ni tout connaître et surtout qu'il lui est impossible de tout partager de la réalité adulte. Un enfant qui parle de tous les sujets adultes, qui assiste aux journaux télévisés, qui débat des nombreuses actualités avec les adultes, n'est plus un enfant. Pas de radio, de télévision ni d'Internet au XVIIIe siècle et pourtant la crainte de Jean-Jacques Rousseau devant les enfants qui partagent tous les savoirs avec l'adulte est bien actuelle : ils deviennent vite des « enfants-docteurs » au risque d'être plus tard des « docteurs-enfants[1] ».

Ne pas accueillir notre enfant dans toutes les discussions adultes, le mettre à l'écart de certaines informations d'une réalité qu'il ne peut comprendre, c'est une « frustration ». Une frustration majeure pour beaucoup de petits enfants curieux, voire inquisiteurs du monde adulte. Il est bon de « censurer » certains échanges ou certaines demandes car l'enfant doit savoir qu'il existe une réalité adulte qui ne lui appartient pas. Il n'est pas question de revenir au temps où l'enfant était exclu du monde adulte mais je vois de nos jours de grands excès : des adultes qui parlent justement d'adulte à adulte à un enfant. Et que ressentent ces enfants ? Non qu'on leur distille un savoir mais qu'ils doivent être traités en « égal » : c'est le « je dois savoir » ou le « dis-moi tout » qui l'emportent bientôt. Sans compter les problèmes d'appréhension de sujets qui peuvent les inquiéter car ils n'ont ni l'expérience, ni les outils mentaux pour les gérer.

1. J.-J. Rousseau, *Émile ou De l'éducation*, *op. cit.*

➤ *Attention aux enfants « précoces » !*

Il n'est guère étonnant que ces enfants, objets d'une « surcommunication » adulte trouvent bien ennuyeux les enseignants qui tenteront de leur inculquer un savoir de leur âge et voudront les instruire progressivement. Ces « enfants-docteurs » s'ennuient à l'école, veulent de l'instruction adulte, et sont bientôt qualifiés d'enfants précoces, pour ne pas dire « adultes précoces ». Certains peuvent manifester une véritable pathologie puisqu'une maturation trop rapide les empêche de vivre toutes les étapes de leur développement. Or cette précocité est aussi interprétée comme le signe que l'enfant est « surdoué », un véritable cadeau empoisonné qui cache beaucoup de choses. L'enfant possède de fausses acquisitions parce que seulement entendues, des informations « plaquées » et non réellement comprises ou apprises.

Ce que ne voient pas les parents ou les adultes précepteurs de ces enfants-là, c'est que leurs élèves aiment surtout réfuter avant de s'instruire, qu'ils refusent peu à peu la verticalité de quelqu'un qui sait (l'adulte) et qu'ils sont des enfants à qui l'on « doit » de la communication, des enfants qui, une fois de plus, ne sont pas… frustrés.

➤ *Favoriser les stimulations !*

L'enfant expérimente tout naturellement son environnement, mais nous, les adultes, sommes là pour le rendre « stimulant ». Un tout-petit qui ne reçoit que peu de stimulations de son milieu extérieur risque de ne pas développer toutes ses capacités. Selon la légende, Jean Piaget aurait dit : « Tout ce que vous faites à la place de l'enfant, vous l'empêchez de le découvrir. » Cette réflexion a beaucoup plu dans un contexte où l'autorité parentale était mise à mal. Si Piaget insistait sur la nécessaire expérimentation de l'enfant, il n'a jamais demandé l'absence de l'adulte, bien au contraire ! C'est bien lui, le père, qui proposait toutes sortes d'activités à ses enfants, décidait du « cadre », observait et, parfois même, obligeait ! Oui, c'est un leurre de laisser l'enfant expérimenter tout seul. Le parent n'a pas à se substituer constamment aux actions de son enfant, mais celui-ci doit vivre son autonomie très progressivement : le bébé a peu de choses à expérimenter seul et le petit enfant va, étape par étape, reconnaître son milieu de vie, les plaisirs et les difficultés qu'il peut rencontrer. L'adulte doit être cette médiation indispensable entre l'enfant et son environnement. À ce titre, c'est bien le parent qui, dès les premiers mois, va solliciter le bébé : il lui donne des choses à voir, des dessins, des jouets, lui montre des couleurs, l'entoure d'objets mobiles. Le parent sait l'asseoir dès 3 mois pour qu'il regarde et observe. Il lui donne des objets puisque dès 6 semaines les bébés peuvent les atteindre et qu'à 3 mois ils commencent à les toucher. Au même âge, bébé saisit les choses, c'est le fameux réflexe de « grasping ».

Toute cette stimulation participe au développement intellectuel et psychomoteur de l'enfant. Mais c'est aussi l'occasion d'inclure de petits interdits qui seront gentiment vécus comme de petites frustrations : le tout-petit aime « prendre », mais il est bon de ne pas céder lorsqu'il veut les boucles d'oreilles de maman ou le portable de papa, ou l'inverse pour ne pas céder aux clichés hommes-femmes ! Si, à 5 mois, les bébés saisissent leurs doigts de pied et, dès 6-8 mois, deviennent mobiles en roulant, en glissant, en rampant, ils peuvent se voir interdire certaines choses. Ils vont apprendre que l'on ne peut pas tout prendre et n'importe quand, qu'on ne peut pas aller partout et à tous moments : ces mini-interdictions marquent très tôt le « On ne peut pas tout faire » et ces frustrations-là participent à l'acceptation du monde tel qu'il est et non tel que l'enfant veut qu'il soit…

➤ *Expérimenter, c'est favoriser sa créativité*

L'enfant doit expérimenter, il doit être actif devant son environnement, c'est en regardant mais aussi en touchant, en manipulant toutes sortes d'objets qu'il apprend à s'accommoder à son milieu. Chaque petite difficulté rencontrée et dépassée lui permet non seulement de connaître et de comprendre le monde dans lequel il vit, mais favorise surtout ses capacités à résoudre, à se sortir d'affaire, à gérer les problèmes qui surgissent. À ce titre, le parent va faire en sorte que le milieu du tout-petit, même s'il doit avant tout être « sécurisé », stimule la curiosité, la réflexion, voire la résolution de problèmes. En hyperprotégeant son enfant, un parent peut lui enlever cette incontournable expérimentation. L'art d'éduquer consiste donc encore une fois à trouver un équilibre entre un contexte de vie et de jeu, particulièrement protecteur (nous n'allons pas laisser bébé expérimenter les prises de courant) et un véritable champ d'exploration. Cet environnement qui déstabilise l'enfant peut, lui aussi, être qualifié de « frustrant » dans la mesure où le parent ne va pas éviter à l'enfant de faire les efforts nécessaires pour obtenir telle ou telle chose. De même, un milieu d'expérimentation frustrante sait interdire au tout-petit d'accéder à certains endroits, lui propose de répéter tel geste pour saisir tel objet, le stimule à découvrir tel autre jouet sans qu'il lui soit nécessairement apporté.

En résumé, l'enfant, à n'importe quel moment de sa vie, mais bien sûr très progressivement selon son âge, va rencontrer des petites épreuves quotidiennes : rechercher seul un objet perdu, saisir seul la peluche convoitée, ramasser seul l'objet tombé et ainsi de suite jusqu'à l'apprentissage de certains gestes autonomes avec, au final, savoir s'alimenter seul, puis se laver et s'habiller seul. Avant d'obtenir cette autonomie sans cesse recherchée, il est bon d'exiger de l'enfant toutes sortes de mini-expérimentations et d'apprentissages.

➤ *Haro sur la télévision pour les tout-petits ?*

Les activités dites passives sont bien sûr à limiter au minimum. Sans refaire le débat sur la soi-disant dangerosité des émissions de télévision labellisées « pour les tout-petits », il est évident que laisser l'enfant seul devant un programme télé, aussi bien fait soit-il, ne le fera pas progresser. Cela ne le fera pas régresser non plus : ces chaînes pour « bébés » savent inclure les dernières découvertes de la psychologie du développement pour favoriser les apprentissages, découvrir musiques et couleurs, et respectent le rythme du tout-petit et ce qu'il peut percevoir et entendre ou non (couleurs pastel privilégiées, séquences très courtes et pas de sonorités prononcées). La télévision peut donc être un objet de médiation éducative au même titre que le livre pour tout-petit mais à la seule et absolue condition que le parent soit avec l'enfant pour l'accompagner, le stimuler et réguler ces moments de loisir.

Évidemment, le mieux reste de favoriser les activités dites « actives modifiantes », tout ce que l'enfant cherche, trouve ou découvre par lui-même ou par la relation à l'adulte ou aux autres. Lorsque l'enfant est plus âgé, le parent doit veiller à ne pas le surcharger de jeux électroniques particulièrement passifs ou de films vidéo qui le transforment peu à peu en récepteur et jamais en acteur de son évolution.

➤ *Savoir jouer*

Le tout-petit enfant a besoin de vaincre lui-même les difficultés. Si le parent ne cesse de se substituer à lui pour résoudre un puzzle, par exemple, l'enfant prendra l'habitude de l'appeler au secours dès qu'il sera en plus grande difficulté. C'est souvent dès les classes maternelles que certains petits enfants se révèlent très dépendants des adultes pour aborder telle ou telle tâche s'ils ont été habitués, à la maison, à être constamment « secondés ». Sans nous en rendre compte, lorsque nous jouons avec nos enfants, nous pouvons subrepticement devenir la troisième main qui équilibre tel jeu de construction, trouve tel morceau de puzzle, ou dessine tel animal. Le parent, s'il est bien là pour susciter, montrer, enseigner, transmettre, encourager, est aussi présent pour demander à son enfant de ne pas abandonner face à la moindre difficulté, pour l'inciter à répéter les gestes permettant d'acquérir une compétence, le stimuler dans des conquêtes parfois difficiles.

Il est parfois utile de restreindre le volume de jouets qui peut, s'il est trop important, freiner l'enfant dans sa créativité. Nous l'avons tous remarqué, certaines boîtes en carton génèrent plus d'attention et d'inventivité pour les tout-petits que les jouets initialement conçus pour les « éveiller ». Rien ne remplacera jamais l'imaginaire de l'enfant qui sait faire beaucoup avec peu : transformer un bout de papier en animal féroce, un morceau de bois en arme redoutable et un chiffon en adorable peluche. Mais l'enfant ne réclamera que les jouets qui lui paraissent les plus attractifs. À nous donc, parents, de savoir sélectionner certains jouets et d'apporter à notre enfant ces petits objets de tous les jours qui savent retenir son intérêt. Pas question de ne jamais offrir le beau jouet et de ne donner que des boîtes à chaussures pour Noël, mais certains jouets apparemment « frustrants » peuvent se révéler, soyez en persuadés, très enchanteurs.

➤ *Persévérer*

L'enfant, surtout en très bas âge, ne va pas forcément de lui-même continuer une activité ou un jeu si cela ne marche pas comme il le veut. Si certains font preuve d'une grande patience et d'une grande concentration lorsqu'ils sont en train de jouer, beaucoup d'autres enfants vont abandonner dès la moindre adversité. Ils font alors ce que l'on appelle du « jumping » : ils sautent d'un jouet à l'autre ou d'une activité à l'autre. Il est important d'être vigilant et de demander à l'enfant de continuer une tâche pour qu'il poursuive son effort de compréhension, d'exploration, de réalisation malgré une difficulté ou une contrariété. Trop souvent, nous avons tendance à suivre les desiderata de notre enfant et nous lui proposons « autre chose » quand il semble mécontent de ce qu'il est en train de faire. S'il marque sa volonté de « changer » après avoir épuisé tout son jeu ou toute son activité, il est normal de l'accompagner dans ce changement vers d'autres sollicitations. En revanche, si nous observons que l'enfant stoppe son activité parce qu'il peine devant une difficulté ou parce qu'il souhaite quelque chose de plus stimulant, nous devons éviter de répondre en « gentils animateurs de club ». Lorsque nous cédons à toutes ces demandes de « nouveau », nous lui apprenons que c'est le changement qui est plaisant et surtout que c'est la routine (toujours vivre la même chose) qui est condamnable : l'enfant ne peut nuancer et se dire « C'est normal de moins aimer un jouet ou un jeu que je connais parfaitement » ; il n'est pas plus capable de se dire « Je suis tenté d'arrêter un jeu qui ne marche pas comme je veux mais je ne devrais pas abandonner », il se dit tout simplement : « Changeons d'activité dès que c'est frustrant ! » Il rentre alors dans le cercle infernal du « jumping » et plus tard, lorsqu'il est en âge de pratiquer un sport ou de jouer d'un instrument de musique, il demande aussi facilement à arrêter telle ou telle activité qui « ne lui plaît plus ». Il pratique ainsi une multitude de loisirs, qu'il abandonne à la première contrariété. Les plus favorisés passent du sport d'équipe à l'escrime, du judo au cheval, de la danse au jonglage, etc. *Idem* pour la musique, ces enfants-là deviennent de véritables « enfants-orchestres » : du piano au violon, du violon à la guitare, pour souvent finir aux percussions. Pourquoi pas si le talent de l'enfant s'y révèle ? Mais le plus souvent, l'enfant nous confie qu'il a abandonné tel ou tel instrument de musique au moment où le solfège devenait ardu, qu'il a quitté le football à cause des entraînements, le basket parce qu'il ne jouait pas à tous les matches… Traduction : ils ont arrêté parce que les incontournables frustrations pointaient leur nez et qu'ils ne pouvaient pas les supporter.

Dès que la frustration paraît, ils la fuient et ils vont tout essayer et n'excellent jamais en rien. Ils ont pris l'habitude de « changer » quand le loisir devient « frustrant ». *A contrario*, les enfants qui sont éduqués à ne pas cesser prématurément une activité, à ne pas rompre le « contrat » avant d'avoir fini une année entière ou un cycle complet, vont pouvoir dépasser ces moments désagréables de frustrations, de découragement, d'incertitude, de démotivation. Et tous les enfants, qui ont acquis une compétence réelle dans tel ou tel domaine, savent le dire : « On a failli abandonner, heureusement les parents étaient là pour qu'on tienne bon, à présent on apprécie les efforts accomplis ! ».

➤ *Se forcer à…*

Alors, bien sûr, il n'est pas question d'obliger le tout-petit à continuer l'activité qu'il déteste dans le seul but de lui donner le goût de l'effort et la volonté de terminer tout ce qu'il entreprend. Mais le parent peut très bien décider de progressivement lui apprendre à ne pas tout arrêter dès la moindre difficulté, à persévérer parfois pour obtenir une plus grande réussite et au final une plus grande joie.

Alors devant les « J'ai plus envie » des tout-petits, le parent sait le plus souvent s'il s'agit d'un jeu ou d'un loisir qui ne correspond pas au tempérament ou aux aptitudes de son enfant et, dans ce cas, il est logique de lui proposer autre chose. Parfois, il lui faut décoder le comportement de son enfant : son refus de poursuivre telle activité, sa demande de « faire autre chose » sont-ils justifiés ou n'est-ce que la tentative d'éviter une frustration ? Et si c'est bien le cas, le parent peut lui demander de persévérer, de communiquer et d'expliquer ce qui est démotivant ou difficile. Il peut ainsi lui donner de nouvelles stratégies et l'inciter à continuer même si l'enfant vit un moment déplaisant. Cela commence par le jeu, se poursuit par les activités d'éveil ou les premières acquisitions scolaires et cela continue dans tous les apprentissages réels de la vie. Ne pas entrer dans la demande de « jumping » de l'enfant, c'est lui apprendre à accepter le moins plaisant, le plus difficile, l'ennui, l'effort à fournir, lui dire que toute activité peut se révéler, à un moment donné, « frustrante » et qu'il n'y a guère d'autre issue que de dépasser ce moment-là. Accepter la frustration, c'est rester dans l'activité qui fâche et ne pas renoncer à une future réussite ou à un futur plaisir sous prétexte que l'effort demandé, et donc la « frustration » vécue, est « insupportable ». Pour habituer l'enfant à surmonter certaines petites épreuves, il est souhaitable de lui faire rencontrer des obstacles et non, au contraire, de vouloir tout régenter et tout aseptiser sous prétexte de ne pas le décourager. Quand bébé n'arrive pas à atteindre tel objet alors qu'il est à sa portée, il n'est nul besoin de le lui donner. Quand plus âgé, l'enfant peste parce qu'il ne trouve pas la pièce de puzzle manquante ou que sa construction s'effondre, nul besoin de trouver l'élément manquant ou de faire à sa place.

➤ *Des jeux… de société*

Savoir jouer avec l'imaginaire (le « playing » de Winnicott) mais aussi jouer avec des règles (les « games » du même auteur). Dans le « playing », l'enfant est un joueur spontané et il est bon de lui proposer toutes sortes de jouets qu'il utilise à sa convenance : il sait amasser ses peluches pour en faire un bon matelas, il peut transformer les boîtes en véhicules. Nous le savons, le jeu favorise la découverte de son potentiel, il maîtrise peu à peu le réel et c'est une bonne chose qu'il l'apprenne. En revanche, il nous appartient à nous, les parents, de lui proposer, toujours graduellement, des jeux qui lui enseignent certaines limites. Les « games » ou les jeux avec des règles peuvent lui être proposés très tôt, dès qu'il possède un assez bon vocabulaire. Jouer au jeu des sept familles, par exemple, apprend à l'enfant qu'il doit comparer, ranger, classer pour obtenir le résultat escompté ; cela lui apprend aussi qu'il n'est pas seul, qu'il doit appliquer une règle commune et surtout qu'il ne peut pas jouer tout le temps et doit attendre son tour. Plus tard, tous les jeux dits de société seront les bienvenus, ils impliquent plusieurs participants et obligent l'enfant à accepter les inévitables consignes, un frein réel à sa demande de liberté totale mais aussi et surtout une initiation à la vie sociale : l'existence de règles de jeu communes comme tremplin des futurs codes de vie en société.

➤ *Savoir « perdre »*

Lorsque le parent « laisse gagner » l'enfant pour lui « faire plaisir », il lui montre, bien involontairement je le conçois, que l'on peut toujours obtenir ce que l'on veut quand on veut, il l'empêche de connaître la « frustration de perdre ». L'enfant le sait, lorsqu'il joue seul, il se heurte constamment à de multiples échecs dans ses projets, mais trouve toujours une solution, il « s'accommode ». Dans un jeu de société, l'enfant qui « sait » perdre apprend une fois de plus « la » réalité : il n'est pas toujours le meilleur et pour s'améliorer il lui faut réfléchir, chercher de nouvelles stratégies. Lorsqu'il accepte la « frustration de perdre », il sait qu'il peut de nouveau réussir ou il constate tout simplement qu'il est impossible de toujours gagner.

Tous les parents aiment voir leur enfant avoir la fève de la galette des Rois. Qui n'a pas un peu aidé le sort pour voir la mine réjouie du tout-petit « roi » ? La question n'est pas, bien sûr, de tout faire à l'aune de la « frustration » ! Ce sont les excès qui vont rendre notre enfant vulnérable : c'est s'il trouve « toujours » la fève, qu'il ne vit jamais le moment déplaisant de voir couronner un autre membre de la fratrie, qu'il n'apprend pas la réalité mais uniquement « sa » réalité puisque c'est uniquement son bon plaisir qui est pris en compte.

Et si l'enfant tente de tricher, le parent n'a pas à se réjouir d'avoir un tout-petit « filou qui saura plus tard se débrouiller ». Là encore, sans prendre une position moraliste comme « C'est mal ce que tu as fait », il est bon que l'enfant s'entende dire que « tricher », c'est oublier que l'on joue avec les « autres », que c'est le non-respect d'autrui. Mais, bien sûr, à l'époque du « pas vu pas pris » (souvenons-nous de la « main » qui a qualifié l'équipe de France de football pour la Coupe du monde de football), beaucoup d'enfants risquent de renforcer leur omnipotence en voyant de piètres modèles adultes : pour certains, la fin justifierait donc les moyens pour atteindre leur but…

Certes l'enfant n'est pas heureux de se voir imposer des « règles », et cela va à l'encontre de son principe de plaisir. Mais si ces jeux, que nous allons proposer, le « frustrent », ils vont aussi lui procurer une grande satisfaction à moyen ou long terme. Et c'est cela qu'il doit expérimenter : je joue à ma façon et c'est bien, mais je joue aussi comme me le demandent les autres et cela me procure un plaisir tout aussi fort malgré certaines contraintes.

➤ *Savoir attendre*

Les collections ne doivent pas être négligées. Très tôt (dès l'apparition des premiers mots), l'enfant peut comprendre que s'il veut des images d'animaux, il peut en avoir encore plus mais pas tout de suite. Ainsi, le parent lui explique qu'il va « faire une collection » et qu'il va avoir plus d'images s'il sait attendre. Souvenons-nous du succès des collections de joueurs de football ou de la série des Pokemons : dès la maternelle, les enfants adorent échanger et ils savent attendre le moment où ils pourront compléter leur collection. Pour autant, s'ils ont compris le principe de l'attente, ils ne disent pas à leurs parents : « C'est bon pour moi de ne pas avoir toutes les images tout de suite, c'est de la bonne frustration… » Bien au contraire, ils nous harcèlent de demandes pour que l'on achète un autre petit paquet d'images, ils font en sorte que l'attente d'obtenir une collection complète se transforme en un acquis immédiat. Il faut donc tenir bon et accepter une fois de plus de « déplaire » à son enfant. En se rappelant que faire attendre son enfant lui est frustrant, déplaisant dans l'immédiat mais bénéfique pour un peu plus tard !

➤ *Ne rien faire*

Il n'y a pas que le jeu en solo ou en groupe dans la vie ! Il est tout aussi bon de demander à son enfant de cesser de jouer. L'ennui, nous le savons, est bel et bien facteur de créativité, l'enfant qui n'est plus dans l'action découvre l'observation, la rêverie, l'anticipation de futurs intérêts ou parfois même le plaisir du « rien », de l'attente, du repos. Beaucoup d'enfants refusent ces temps de latence, de « rien » et nous devons tenir bon : « Il est temps de te reposer… Tu as assez joué… Stop, on attend un moment avant de faire autre chose… »

Et pour conclure avec le jeu, nous pouvons laisser le tout-petit seul dans un « parc pour enfants ». Beaucoup de parents s'inquiètent de cet « emprisonnement » provisoire se demandant si l'enfant ne vit pas une sorte de rejet de la part des adultes. Rassurez-vous, avec le « parc », l'enfant découvre qu'il peut se satisfaire seul et il apprend aussi que le monde adulte n'est pas toujours à sa disposition : « Tu vas dans ton parc, maman (ou papa) va faire autre chose que s'occuper de toi… à tout à l'heure !… » C'est un apprentissage de la réalité : « Tu ne peux pas toujours être le centre du monde… » L'enfant de tempérament plus rebelle tentera de maintenir à tout prix une relation avec l'adulte et refusera cette « frustration » de l'isolement provisoire, il faut se rappeler qu'il ne souffre pas, ne déprime pas, qu'il connaît juste un moment de « non-plaisir », qu'il apprend la réalité.

➤ *Un « no man's land adulte »*

Chacun son territoire ! Les lieux sont aussi source de conflits : le tout-petit ne peut pas concevoir que sa présence n'est pas toujours souhaitée dans la chambre à coucher des parents. Il recherche toujours le câlin, la relation, le jeu et surtout la présence des adultes. Oui, il est difficile de le faire rester dans sa chambre, surtout dès lors qu'il sait marcher ! Mais il faut tenir bon, l'enfant doit savoir que l'accès à la chambre des parents est un interdit majeur. S'il doit être assuré que les parents viendront le voir s'il manque ou souffre de quelque chose, il doit apprendre que des lieux ne lui appartiennent pas. D'ailleurs l'enfant qui ne connaît pas de « frontières » à la maison, va non seulement conquérir tous les espaces, c'est « sa » maison, mais aussi imposer son rythme de vie : il se lèvera tôt et initiera l'heure du petit déjeuner, il voudra retarder l'heure du dîner pour aller au bout de son émission télé favorite et ainsi de suite. Qu'il tente d'être le maître du temps et des lieux est bien normal, mais les parents vont lui montrer peu à peu qu'il vit, certes, dans « sa » maison mais avec un emploi du temps et une occupation des lieux dont eux seuls décident puisqu'il n'est pas seul et est trop petit pour tout réguler. Le parent n'a pas à s'interdire de dire très tôt à son enfant : « Quand tu seras grand et que tu auras une maison à toi, tu vivras comme tu le voudras… Ici tu es aussi chez toi mais… avec nous, et c'est nous qui décidons ! »

➤ *Pour plus tard…*

L'enfant veut tout tout de suite et ce ne sont pas les multinationales des fabricants de jouets ou de loisirs qui vont nous aider à « différer » ses plaisirs. Tout est fait pour répondre à la demande des enfants, résultat : être parent au XXIe siècle est beaucoup plus dur que ce qu'ont connu les parents des générations précédentes. Ils n'avaient pas contre eux une société de consommation qui ne cesse de dire quotidiennement à nos enfants que la « vraie vie », c'est la jouissance immédiate : « Tu as faim… Mange ! »… « Tu veux jouer… Joue ! » Alors, sans se mettre complètement à l'écart de cette société de consommation qui stimule l'intolérance aux frustrations de nos enfants, il est bon de garder une réelle dose de « bon sens ». Il est toujours possible, par exemple, de demander à son enfant, en âge de le faire, d'économiser une somme d'argent pour acheter plus tard l'objet convoité et, encore mieux, de l'inciter à la gagner progressivement en aidant à la maison. Et, fin du fin, de valoriser toutes les activités qui apprennent à l'enfant que l'on peut faire des choses qui n'ont aucun résultat immédiat mais qui seront, plus tard, de véritables petits bonheurs. Les enfants ne comprennent pas « naturellement » et ne vont pas se satisfaire immédiatement de planter des graines de radis dans le potager, mais lorsqu'ils verront les premières feuilles du légume, ils connaîtront une nouvelle joie jusque-là rarement éprouvée : le bonheur d'avoir attendu longtemps un résultat que l'on escomptait beaucoup plus rapide. Et il n'est pas nécessaire d'avoir un hectare pour expérimenter la leçon que donne la nature : un pot ou un bac sur un rebord de fenêtre apprend qu'il faut compter avec le temps. *Idem* pour des activités de cueillette : outre le plaisir de manger les mûres que l'on cueille, participer à en faire une confiture que l'on offrira plus tard à des membres de la famille sera une source de satisfaction. L'enfant découvre que ces bonheurs-là sont tout aussi importants que l'immédiateté reptilienne (puisque c'est le cerveau « reptilien » qui est sollicité dans toutes les consommations de court terme) que les marchands veulent le voir consommer.

➤ *Lui faire accepter les échecs*

Il est bon d'encourager l'enfant à prendre des initiatives, à être créatif, à s'engager dans des activités où il va réussir. Mais dans la construction de notre tout-petit, c'est à nous, les parents, d'être les initiateurs, de proposer telle ou telle occupation et de veiller à ce que notre enfant n'abandonne pas sous n'importe quel prétexte. Lorsque nous lui donnons des objectifs qu'il va s'efforcer de remplir, il se forge une philosophie de vie – « C'est possible de faire des choses » – qui va faire contrepoids avec le « Je suis impuissant devant la réalité », qu'il a si souvent connue en bas âge. C'est la période où l'enfant veut conquérir le monde et, s'il n'a rien à découvrir, si toute la réalité ne fait que le satisfaire immédiatement, il devient un pâle conquistador. Si la réalité dans laquelle il vit n'est pas inaccessible mais l'oblige à réfléchir, à explorer, à mieux penser l'environnement, notre enfant acquiert peu à peu la confiance en soi indispensable à la construction de son estime de soi. Le surprotéger, c'est au contraire aller au-devant de ses besoins en construisant autour de lui un monde moins difficile, moins frustrant. La « mauvaise protection » empêche toute réalité frustrante de rentrer à la maison : pas de « concurrents », pas de dangers, pas de « critiques ».

Quand son contexte de vie n'est pas artificiellement hyperprotégé mais bien « réel » avec ses aléas et ses difficultés, notre enfant va expérimenter l'échec. Le parent sera celui qui lui permet de vivre ces échecs et de les relativiser : « Tu as échoué en faisant ceci ou cela » et non : « Tu n'es pas doué pour telle ou telle chose. » En dissociant constamment le comportement de la valeur de l'enfant, le parent enseigne à ce dernier que quoi qu'il fasse il peut toujours s'améliorer, changer ou accepter son inefficacité mais qu'en aucun cas cela ne signe la valeur de sa personne. Ce que tu fais ou ne fais pas, ce que tu réussis ou ce que tu ne réussis pas est un comportement à un moment donné et ne correspond pas à ta valeur intrinsèque d'individu à part entière. Et quand l'enfant réussit, il est toujours bon de revoir avec lui comment il est arrivé là. Il est essentiel de lui rappeler que c'est grâce à ses efforts qu'il a pu avoir une certaine maîtrise sur la réalité.

➤ *Lui apprendre à « se faire violence »*

Qu'est-ce qu'une « bonne protection » ? Là aussi, il s'agit de faire preuve de bon sens. C'est solliciter l'enfant pour qu'il fasse des choses qu'il n'apprécie pas trop et savoir gentiment, progressivement le « frustrer » dans ses « zones à risques ». Ces « zones à risques » ou « zones rouges » définissent les endroits ou les moments où mon enfant est particulièrement tenté de faire ou de ne pas faire des choses. Quand l'enfant répond à son principe de plaisir immédiat, il ne sait pas comment y faire face, ce n'est pas lui qui va pouvoir freiner, différer tout son monde pulsionnel. C'est encore au parent de faire le travail.

Frustrer son enfant dans ses « zones à risques »

– Je sais que mon enfant a tendance à être gourmand, je lui interdis les grignotages à toute heure et les goûters trop sucrés.
– Je sais qu'il est peu courageux pour se bouger, je l'incite à faire des activités physiques et je lui évite au maximum les jeux ou loisirs « passifs » (jeux vidéo, télévision).
– Il semble très actif, voire hyperactif, je cadre ses activités pour qu'il ait des temps de « rien », de non-stimulation.
– Il tend à s'enfermer dans une forte timidité, je lui demande de ne pas éviter des activités de groupe ou des rencontres familiales.
– Il monopolise la parole, je lui demande d'écouter attentivement les autres.
– Il abandonne vite une activité dès qu'il rencontre une difficulté, je lui demande de la reprendre et de persévérer.
– Il n'aime pas du tout un loisir proposé, je refuse de lui laisser le choix d'y participer ou non.
– Il a tendance à être le centre du monde, je lui apprends la générosité et la tolérance avec les autres en lui proposant des loisirs « sociaux » où il doit faire avec les autres.
– Il n'aide pas spontanément aux tâches domestiques, un « contrat » quotidien est élaboré pour faire des petites routines.

Et la liste n'est bien sûr pas exhaustive…

En résumé, le parent ne va pas répondre aux demandes de protection « conscientes » de son enfant (« Évite-moi ce qui m'est frustrant ! »), mais, au contraire, va lui demander de se faire un peu mal en exigeant qu'il fasse certaines choses ou en lui interdisant d'en faire d'autres. Il lui fait vivre en même temps des « émotions négatives » de frustration, de sentiment anxieux ou de colère que l'enfant va apprendre à reconnaître et à tempérer avec le temps et la répétition des situations redoutées ou refusées. Cela participe donc très fortement à sa « résilience ».

➤ *Le forcer à se « bouger » !*

Je reçois les parents de Noémie, 2 ans et demi, déjà en surpoids pour son très jeune âge…

LES PARENTS — C'est vrai qu'elle est un peu « bouboule » mais elle perdra du poids avec l'âge…

LE THÉRAPEUTE — Sans doute, mais il est toujours opportun de commencer les choses le plus tôt possible…

LES PARENTS — Vous allez nous reparler de la « frustration », mais on vous a déjà dit que c'en était fini de la laisser grignoter entre les repas et que nous faisions attention avec les choses sucrées.

LE THÉRAPEUTE — Et c'est très bien de lui donner de bonnes habitudes alimentaires dès maintenant, surtout que nous savons que Noémie est apparemment très gourmande de « tempérament ». Mais, lorsque vous faites des balades, c'est la « poussette secours » ou la « poussette tout court » ?

LES PARENTS — Dès qu'elle marche un peu, Noémie veut très vite retourner dans sa poussette, elle fatigue vite. Et puis elle est petite !

LE THÉRAPEUTE — Et que se passe-t-il quand vous lui refusez la poussette parce que vous venez de commencer la balade ?

LES PARENTS — C'est la crise de larmes… Alors on cède. Elle semble si malheureuse. Une balade en famille ce n'est pas pour faire plein d'histoires avec son enfant ?

LE THÉRAPEUTE — Mais si vous cédez chaque fois pour la poussette…

LES PARENTS — Elle fera du cinéma pour qu'on lui donne quelque chose à manger… C'est vrai… Mais c'est dur de « frustrer » comme vous dites…

Oui, c'est difficile d'imposer à son enfant ce qu'il ne veut pas faire et, dans ce cas, on peut s'aider des paroles telles que « Non-assistance à personne en danger si je ne force pas mon enfant à faire une activité physique qu'il refuse… », car je risque d'en faire un enfant en surpoids. Un enfant dont le malheur de vivre sera bien plus grand que le « malheur » actuel, la frustration que nous lui imposons en lui refusant de remonter dans la poussette.

➤ *Les « renforcements positifs »*

N'oublions pas cette règle incontournable chaque fois que notre enfant réussit à différer un plaisir immédiat, qu'il accepte les petites frustrations que nous lui faisons vivre : le « renforcer positivement ». En plus d'exprimer notre joie de parent à le voir agir de telle ou telle façon ou changer tel ou tel comportement, faisons aussi un de ces petits gestes affectifs lorsqu'il vient de faire quelque chose de difficile ou d'inhabituel : câlin ou bisou pour les plus petits, petite tape sur l'épaule ou clin d'œil lorsqu'ils sont plus âgés. Les enfants ont besoin de ces « renforcements », car, selon leur tempérament, ils peuvent très bien minimiser ce qu'ils ont réussi ou se décourager devant les attentes du monde adulte.

➤ *Aider son enfant à mieux « penser » ce qu'il vit*

Nous tous, parents, craignons que nos enfants ne subissent des événements « traumatisants » qui vont les marquer à jamais. Cette théorie du « traumatisme infantile » reste ancrée dans notre culture et nous pouvons parfois croire que seule une psychothérapie pratiquée à l'âge adulte réglera toutes les « empreintes inconscientes » que l'enfant a forcément accumulées pendant la première partie de sa vie. Je ne reviens pas sur les « croyances psy » qui freinent le bon sens éducatif des parents[1]. Sans être les « thérapeutes » de leurs enfants, les parents peuvent agir très tôt pour que leur enfant pense mieux les adversités qu'il peut rencontrer dans sa vie. Je n'évoque pas les contextes de violence, d'abus ou de carences profondes qui ne relèvent pas de l'éducation mais des spécialistes de l'enfance. Mais bon nombre de petits événements apparemment anodins pour l'adulte peuvent être dramatisés par l'enfant par incapacité de se distancier de ce qu'il vit et faute de pouvoir relativiser son vécu. En neuropsychologie, des « traces cognitives non conscientes » sont évoquées pour parler de ces microévénements, pas forcément outranciers ou traumatiques, je le répète, qui peuvent être mémorisés par l'enfant sans que rien ne vienne atténuer sa perception ou son ressenti.

Un événement vécu par le petit enfant et non « repensé » donne une mémoire automatique qui va fixer l'émotion négative à ce même événement. Tout le monde sait qu'un enfant qui va être terrorisé par un chien risque de développer une phobie de cet animal si aucun adulte ne le rassure, ne lui explique que sa peur est naturelle. La meilleure solution est bien souvent de demander à l'enfant de retourner vers l'animal pour « s'exposer » à nouveau et « penser » le chien non plus comme un fauve sauvage mais comme un simple animal domestique.

➤ *Le goût de l'effort ?*

Beaucoup de parents me demandent de redonner à leur enfant le goût de l'effort, surtout lorsqu'ils voient chez lui une forte démotivation pour les apprentissages scolaires. Je ne pense pas qu'il s'agisse du « goût de l'effort » mais du « sens de l'effort ». Peu d'êtres humains aiment le déplaisir, la frustration,

1. D. Pleux, *Génération Dolto, op. cit.*

en un mot le « travail », mais nous savons tous que nous ne pouvons obtenir de plaisir à moyen et long terme sans faire cet effort que réclame toute accommodation au réel. Pour beaucoup, le « sens de l'effort » ne vient donc pas naturellement, il s'apprend et, nous l'avons vu, c'est au parent que revient cette difficile mission. L'enfant va reconnaître et accepter peu à peu les incontournables efforts qu'exige le principe de réalité si ses parents, ses éducateurs ou ses tuteurs, lui apprennent la tolérance aux frustrations, c'est ce que nous avons vu plus haut. À propos d'éducation, il est remarquable de voir que lorsqu'un enfant est confié à certains professionnels de l'éducation spécialisée au titre de la protection de l'enfance, la priorité est la plupart du temps « affective » : tenter de reconstruire affectivement l'enfant qui a manqué de parents ou qui les a trop subis. Certes, cet accompagnement pour solidifier l'ego de l'enfant est indispensable, mais n'oublions pas qu'il faudra aussi l'aider à mieux appréhender la réalité et donc à devenir, malgré tout son vécu négatif, plus « tolérant aux frustrations ». Même un enfant carencé doit apprendre le principe de réalité tel que je le conçois et ce, même si cette réalité lui a apporté les pires souffrances. Trop souvent, j'entends ces enfants victimes revendiquer une vie actuelle sans déplaisirs parce qu'ils ont souffert dans leur chair d'une réalité parentale, ou autre, délétère. C'est un bien mauvais cadeau que de répondre favorablement à leur demande, il est bien plus souhaitable de leur dire : « Tu as souffert de la réalité, mais cela ne veut pas dire que tu n'es plus vulnérable devant elle, il faut continuer de l'apprendre ».

Le « sens de l'effort » est donc le résultat d'un apprentissage constant de la réalité et de ses inévitables adversités ou frustrations. C'est bien lorsque l'enfant apprend et vit cette « tolérance aux frustrations » qu'il va peu à peu accepter l'effort, les contraintes, le travail et différer sa demande de satisfaction immédiate.

Donner à son enfant le « sens de l'effort », c'est...

– Lui refuser ses demandes de « satisfaction immédiate » (lui apprendre à attendre, différer, réguler les loisirs « reptiliens » (télé, jeux vidéo...), lui enseigner que tout ne marche pas comme on en a « envie »).
– L'habituer aux frustrations en lui faisant vivre des moments plus déplaisants (faire des choses sans l'aide de l'adulte, aider aux tâches domestiques, faire pour les autres, l'habituer à répéter certains apprentissages difficiles qu'ils soient physiques, d'éveil ou intellectuels).
– Lui demander de persévérer devant les difficultés rencontrées (ne pas abandonner un jeu ou une activité dès qu'il n'obtient pas de résultat immédiat).
– Favoriser le « lien soi-autrui » (jeux de société, activités de groupe pour l'aider à se « décentrer »).
– Lui apprendre à défier ses « zones rouges » (ses zones d'échec). Ne pas s'alimenter tout le temps, se bouger s'il a tendance à la passivité, communiquer si son tempérament est timide...
– Lui donner des « renforcements positifs » dès qu'il accepte des frustrations (quand il montre qu'il a persévéré pour mieux apprendre, que cela soit physique, ludique, intellectuel).

➤ *Parler sa vie...*

Même un tout-petit qui ne possède pas de langage sera sensible à la réaction de ses parents qui vont vite dédramatiser l'événement qu'il vient de vivre. Mais c'est lorsque l'enfant est doué de parole que le parent pourra l'aider à « repenser » ce qu'il vient de vivre.

Quand l'enfant ne reçoit pas cette autre information que peuvent lui procurer ses parents, il reste seul avec sa « logique d'enfant ». Il se crée une « logique d'inférences » jamais disputée par d'autres informations, ce qui génère une grande vulnérabilité. Un autre enfant le terrorise à l'école maternelle, il risque de développer une sorte de phobie sociale (peur extrême de communiquer avec les autres) parce qu'il en a conclu que vivre en société est dangereux. Un enfant chute et se fait mal en escaladant un mur, il peut s'inhiber et ne plus jamais tenter de faire des choses un peu risquées puisqu'il en a déduit que « tout peut être dangereux ». L'enfant en bas âge ne fait pas dans la nuance, car il ne possède pas les « outils cognitifs », une pensée qui lui permette de voir et de comprendre différemment ce qu'il expérimente en bien ou en mal. Ce n'est que vers 15-16 ans que l'humain est réellement capable d'envisager des « possibles », de « faire des hypothèses » et de « relativiser » le monde et ses actions. De nombreux adolescents ne savent pourtant pas utiliser cette capacité d'abstraction et s'attendre à ce qu'ils pensent de façon « mature » relève parfois de la gageure. Pour le tout-petit, c'est bien l'adulte, avec sa capacité cognitive formelle (pensée qui peut être abstraite et conceptuelle) qui est capable de penser différemment l'impact d'un événement même s'il ne le fait pas toujours pour lui-même[1].

Ainsi, les distorsions cognitives, c'est-à-dire cette façon de penser tout en « blanc ou noir », de faire de la télépathie (je « devine » ce que l'autre pense de moi), de disqualifier le positif ou de dramatiser ce qu'on vit, commencent souvent dans la petite enfance et peuvent perdurer jusqu'à l'âge adulte. Lorsque l'enfant vit quelque chose de désagréable, il va plaquer des informations sur l'événement qui ne sont pas « pesées » ou « relativisées ». Il nous appartient à nous, les parents, de redonner immédiatement une autre information, moins sub-

1. A. Ellis, *Reason and Emotion in Psychotherapy*, New York, Citadel Press, 1962.

jective et beaucoup plus réelle, « rationnelle ». L'enfant n'est plus prisonnier de ses premières pensées, il intègre peu à peu une autre façon de comprendre ou d'analyser ce qu'il a vécu, cela l'empêche de se rigidifier dans ses conclusions *a priori* trop hâtives, disproportionnées et le plus souvent « irrationnelles » parce que non relativisées.

TEST 11

Aider votre enfant à relativiser

Ce que votre enfant vit...	Il peut penser que...	Vous pouvez lui dire que...
Il n'arrive pas à réaliser son jeu de construction.	Qu'il « est » maladroit ou que « c'est » trop dur...	Il faut souvent répéter un geste et persévérer pour réussir...
Son frère court plus vite que lui...	Qu'il ne pourra jamais être aussi rapide...	Il est plus jeune et qu'il courra plus vite plus tard...
Il rougit dès qu'il parle en groupe...	Qu'il est ridicule et qu'on va se moquer de lui...	Il est sensible et que la timidité peut être vaincue...
D'autres enfants se sont moqués de lui...	Qu'il ne sera jamais apprécié ou aimé des autres...	Il existe des enfants moqueurs mais qu'il trouvera de vrais amis...
Il n'a pas réussi à relancer le ballon à son père...	Que son père le trouve stupide et ne l'aime plus...	Il n'a pas appris à frapper une balle avec le pied, l'orientation viendra peu à peu...

Ce que votre enfant vit...	Il peut penser que...	Vous pouvez lui dire que...

Accepter inconditionnellement la réalité, ce n'est pas la subir stoïquement, c'est accepter ses inévitables frustrations, les vivre et les apprendre, les comprendre et mieux les penser pour mieux s'y habituer. Lorsque l'enfant acquiert peu à peu cette habitude de la frustration (qui ne peut exister sans un équilibre avec le plaisir) il devient plus fort et plus armé pour faire face aux adversités, il redevient acteur de sa vie. L'enfant « tolérant aux frustrations » est moins vulnérable devant la vie et s'il subit des épreuves, il n'en devient que plus « résilient ».

Conclusion

Les enfants d'aujourd'hui sont-ils en danger ?

La majorité des enfants va bien et s'adapte tant bien que mal aux nouvelles exigences de ce début de siècle. Pourtant, nos cabinets de consultation voient de plus en plus apparaître, et ce dès le plus jeune âge, des enfants qu'auparavant aucun parent n'aurait pensé à y emmener. Quelque chose se passe et l'ego malheureux de certains enfants semble souvent lié à cette intolérance aux frustrations que j'ai abondamment décrite. Le consumérisme ambiant n'aide pas la parentalité, il ne cesse de séduire par ses puissants leurres qui ne font que générer une réalité virtuelle. Pour certains marketers et certains politiques, seuls comptent la réussite individuelle et le pseudo-bonheur de la consommation immédiate. Cet hédonisme à court terme risque de faire d'amples dégâts.

Les parents : un rempart contre une société individualiste et de consommation

À la moitié du siècle dernier, les parents se devaient de défendre la singularité de leurs enfants, leur « moi » n'était qu'annulé par des valeurs dites altruistes. En ce début de siècle, il semble que le problème s'inverse et que tout éducateur doive avant tout se préoccuper du « principe de réalité ».

Le bonheur peut s'apprendre… Sans nier la singularité de chaque enfant et de ce « futur petit homme », nous savons que l'éducation peut beaucoup. Et c'est bien la « médiation » de l'adulte qui veille à l'équilibre entre le « principe de réalité » et le « principe de plaisir ». La véritable « résilience », la force que peut acquérir progressivement l'enfant pour vivre les aléas du quotidien est possible. Elle naît de cette harmonie entre les deux « principes » apparemment contradictoires que sont le « plaisir » et la « réalité » mais qui sont, au final, indissociables. L'éducation des parents, de tout tuteur ou de tout substitut parental est à la base de la construction psychique, elle est la pierre angulaire du développement de l'enfant.

Qui aime bien, frustre bien !

Savoir apprendre la « réalité » à son enfant n'a rien à voir avec l'autoritarisme d'antan. Il est utile de garder les bons côtés d'une psychologie qui a défendu les droits de l'enfant. Mais attention à ne pas confondre l'autorité « en aval », qui ne peut être que répressive avec ses réactions en sanctions disproportionnées (les fessées se banalisent…), avec l'autorité « en amont » qui sait, elle, harmoniser le « souci de soi » de l'enfant avec l'apprentissage de son incontournable environnement. Être bien avec autrui s'apprend, je n'ai jamais cru à un « sentiment de l'autre » inné chez l'enfant.

S'agit-il d'une éducation du « déplaisir » ? Loin de moi l'idée de vouloir prôner un retour aux « bonnes vieilles valeurs » qui réduirait l'hédonisme de l'enfant, et donc du futur adulte, à la portion congrue. D'ailleurs, depuis quelques décennies, je crois que beaucoup de parents ont compris que l'éducation ne peut pas se réduire à la frustration de toute jouissance, ils savent ce que peut être une joie de vivre. Mais il me semble opportun de rappeler que les ingrédients du bonheur de l'enfant sont les trois « acceptations » : l'acceptation de soi, des autres et de la réalité en son entier. Et ces acceptations obligent les parents à parfois déplaire à leur enfant. Avec l'amour, l'éducation peut inclure ce déplaisir et armer l'enfant pour faire face aux aléas de la vie.

La frustration est porteuse de résilience pour l'enfant, parions qu'elle l'est aussi pour les adultes mais c'est un autre sujet...

Bibliographie

ANDRÉ C., *Les États d'âme,* Paris, Odile Jacob, 2009.

ANDRÉ C., LELORD F., *L'Estime de soi*, Paris, Odile Jacob, 1999.

ANDRÉ C., LELORD F., *La Force des émotions*, Paris, Odile Jacob, 2001.

ARIÈS P., *L'Enfant et la famille sous l'Ancien Régime*, Paris, Seuil, « Points Histoire », 1975.

BANDURA A., *L'Apprentissage social*, Bruxelles, Mardaga, 1976.

BARET G., *Comment rater l'éducation de votre enfant avec Françoise Dolto*, Paris, Ramsay, 2003

BARET G., *Allô maman Dolto*, Paris, Ramsay-Régine Deforges, 1992.

BAUDIER A., CÉLESTE B., *Le Développement affectif et social du jeune enfant*, Paris, Nathan Université, 2000.

BECK A. T., *Cognitive Therapy And The Emotional Disorders*, New York, Meridian, 1976.

BENTOLILA A., *Quelle école maternelle pour nos enfants ?*, Paris, Odile Jacob, 2009.

BERNARD M., JOYCE R., *RET With Children And Adolescents*, New York, Wiley, 1984.

BRUCKNER P., *Le Palais des claques*, Paris, Virgule, 1986.

BRUCKNER P., *L'Euphorie perpétuelle*, Paris, Grasset, 2000.

BRUNER J., *Le Développement de l'enfant, savoir faire, savoir dire*, Paris, PUF, 1983.

SÉGUR, COMTESSE DE, *Les Bons Enfants*, Paris, Gallimard, « Folio Junior », 1981.

COTTRAUX J., *Thérapies comportementales et cognitives*, Paris, Masson, 1990.

COTTRAUX J., *Les Thérapies cognitives*, Paris, Retz, 1992.

COTTRAUX J., *La Répétition des scénarios de vie*, Paris, Odile Jacob, 2001.

COTTRAUX J., *La Force avec soi*, Paris, Odile Jacob, 2007

CYRULNIK B., *Un merveilleux malheur*, Paris, Odile Jacob, 1999.

CYRULNIK B., *Les Vilains Petites Canards*, Paris, Odile Jacob, 2001.

CYRULNIK B., *Autobiographie d'un épouvantail*, Paris, Odile Jacob, 2008.

DAMASIO A. R., *Le Sentiment même de soi,* Paris, Odile Jacob, 1999.

DAMASIO A. R., *L'Erreur de Descartes*, Paris, Odile Jacob, 2006.

DI GIUSEPPE R., « A cognitive-behavioral approach to the treatment of conduct disorder children and adolescents », *Cognitive Behavioral Therapy With Families*, New York, Epstein, 1990.

DEWEY J., *Démocratie et Éducation*, Paris, Colin, 1990.

DOLTO F., *La Cause des enfants*, Paris, Pocket, 1985.

DOLTO F., *La Cause des adolescents*, Paris, Pocket, 1985.

DOLTO F., *L'Échec scolaire*, Paris, Pocket, 1989.

DOLTO F., *Les Étapes majeures de l'enfance*, Paris, Gallimard, « Folio essais », 1994.

DRÉVILLON J., *Pratiques éducatives et développement de la pensée opératoire*, Paris, PUF, 1980, p. 390.

ELLIS A., *Reason and Emotion in Psychotherapy*, New York, Citadel Press, 1962.

ELLIS A., HARPER A., *L'Approche émotivo-rationnelle*, Montréal, Édition de l'Homme/CIM, 1992.

FANGET F., *Affirmez-vous ! Pour mieux vivre avec les autres*, Paris, Odile Jacob, 2000.

FANGET F., *Toujours mieux ! Psychologie du perfectionnisme*, Paris, Odile Jacob, 2006.

FEUERSTEIN R., *The Dynamic Assessment of Retarded Performers*, Londres, Scott, 1979.

FIEZ M., *Ne m'appelez plus jamais crise !*, Toulouse, Érès, 2003.

FREUD S., *Malaise dans la civilisation*, Paris, PUF, 1929.

FROMM E., *Avoir ou être*, Paris, Robert Laffont, 1978.

GAILLARD J.-M., *La Famille en miettes*, Paris, Sand, 2001.

GENDREAU G., *L'Intervention psycho-éducative*, Paris, Fleurus, 1976.

GEORGE G., *Mon enfant s'oppose. Que dire ? Que faire ?*, Paris, Odile Jacob, 2000.

GEORGE G., *La Confiance en soi de votre enfant*, Paris, Odile Jacob, 2007.

GOLDING W., *Sa Majesté des mouches*, Paris, Gallimard, 1956.

GOSMAN F., *Les Enfants dictateurs*, Éditions du Jour, 1995.

HARRUS-RÉVIDI G., *Parents immatures et enfants-adultes*, Paris, Payot, 2001.

JEANNEROD M., *Le Cerveau intime*, Paris Odile Jacob, 2002.

KAGAN J., *Des idées reçues en psychologie*, Paris, Odile Jacob, 2000.

KANT E., *Réflexions sur l'éducation*, Paris, Vrin, 2000.

KARMILOFF-SMITH A. et KARMILOFF K., *Tout ce que votre bébé vous dirait… s'il savait parler*, Paris, Les Arènes, 2006.

KENNERLY H., *Réussir à surmonter les traumatismes de l'enfance*, Paris, Inter-Édition, 2006.

KOHLBERG L., « Stage and sequence : the cognitive-developmental approach to socialization », 1969, *in* D. Goslin, *Handbook of Socialization Theory and Research*, New York, Rand McNally.

KOHLBERG L., « The cognitive-developmental approach to moral education », *Phi Delta Kappan*, 1975, 56, n° 10, p. 671.

LEDOUX J., *Neurobiologie de la personnalité*, Paris, Odile Jacob, 2003.

LÉNINE, *L'État et la Révolution*, Moscou, Éditions du Progrès, 1969.

MALRIEU P. (éd.), *Hommage à Henri Wallon*, Toulouse, Presses universitaires du Mirail, 1987.

MANNONI M., *Libres enfants de Summerhill*, préface à A. S. Neil, Paris, François Maspero, 1971.

MAURY L. et FREINET C., *Freinet et la pédagogie*, Paris, PUF, 1993.

MILLER A., *C'est pour ton bien*, Paris, Aubier, 1984.

MONTESSORI M., *Pédagogie scientifique*, Paris, Desclée de Brouwer, 1958.

MONTESSORI M., *L'Esprit absorbant de l'enfant*, Desclée de Brower, 2003.

NAOURI A., *Éduquer ses enfants. L'urgence aujourd'hui*, Paris, Odile Jacob, 2008.

OLIVIER C., *L'Ogre intérieur*, Paris, Fayard, 1999.

ONFRAY M., *La Puissance d'exister*, Paris, Grasset, 2006.

PEETERS J., *Les Adolescents difficiles et leurs parents*, Paris, De Boeck / Belin, 1997.

PIAGET J., *Le Jugement moral chez l'enfant*, Paris, PUF, 1939.

PIAGET J., *Où va l'éducation ?*, Paris, Denoël, « Médiations », 1972.

PIAGET J., *Psychologie et pédagogie*, Paris, Denoël, « Médiations », 1973.

PIAGET J., *Mes idées*, Paris, Denoël, « Médiations », 1973.

PIAGET J., *Le Comportement, moteur de l'évolution*, Paris, Gallimard, « Idées », 1976.

PIAGET J. et INHELDER B., De la logique de l'enfant à la logique de l'adolescent, Paris, PUF, 1985.

PLEUX D., *De l'enfant-roi à l'enfant-tyran*, Paris, Odile Jacob, 2002

PLEUX D., *Peut mieux faire. Remotiver son enfant à l'école*, Paris, Odile Jacob, 2003.

PLEUX D., *Manuel d'éducation à l'usage des parents d'aujourd'hui*, Paris, Odile Jacob, 2004.

PLEUX D., *Exprimer sa colère sans perdre le contrôle*, Paris, Odile Jacob, 2006.

PLEUX D., *Génération Dolto*, Paris, Odile Jacob, 2008.

PLEUX D., COTTRAUX J., VAN RILLAER J., BORCH-JACOBSEN M., *Le Livre noir de la psychanalyse*, Les Arènes, 2005.

REDL F. et WINEMAN D., *L'Enfant agressif*, Paris, Fleurus, 1964.

REZA Y., *Trois versions de la vie*, Paris, Albin Michel, 2001.
ROUSSEAU J.-J., *Émile ou De l'éducation*, Paris, Garnier-Flammarion, 1966.
ROUSSEL L., *L'Enfance oubliée*, Paris, Odile Jacob, 2001.
RUSINEK S., *Soigner les schémas de pensée*, Paris, Dunod, 2006.
SCHNEUWLY B., BRONCKART J.-P., *Vygotsky aujourd'hui*, Lausanne, Delachaux et Niestlé, 1985.
SKINNER B. F., *L'Analyse expérimentale du comportement*, Bruxelles, Mardaga, 1995.
VITRAC R., *Victor ou les Enfants au pouvoir*, Paris, Gallimard, 1983.
WALLON H., *Les Origines du caractère chez l'enfant*, Paris, PUF, 1949.
WALLON H., *L'Évolution psychologique de l'enfant*, Paris, Armand Colin, 1968.
WINNICOTT D. W., *Jeu et réalité*, Paris, Paris, Gallimard, 1971.
WOLPE J., « Cognition and causation in human behavior », *American Psychologist*, 1978.
WRIGHT R., *L'Animal moral*, Paris, Michalon, 1995.

Ouvrage proposé
par Christophe André

Cet ouvrage a été imprimé en France par

CPI
BUSSIÈRE

à Saint-Amand-Montrond (Cher)
en juin 2013

Composé par Nord Compo Multimédia
7, rue de Fives, 59650 Villeneuve-d'Ascq

N° d'édition : 7381-2833-1 – N° d'impression : 2003489
Dépôt légal : septembre 2012